Mission of Study and Intellectual Sphere

学問の使命と知の行動圏域

石塚正英

社会評論社

はしがき

我が恩師である酒井三郎（一九〇一～八二年）は一九四三年に弘文堂書房から『国家の興亡と歴史家』を刊行し、紀元前二世紀ローマの歴史家ポリビオスを論じた。アルカディア生まれのギリシア人ポリビオスは、ギリシア語でいわゆる「歴史」を著し、ローマの世界統一の由来を記したが、それはトゥキディデスにみられたような循環史観によって貫かれている。また紀元前一世紀ローマの歴史家リヴィウスもこれと同じような立場で「ローマ建国史」を著した。北イタリアのパドバ生まれのリヴィウスは、ローマ建国からアウグストゥスの時代までを、永遠に不変なる実体としてのローマ権力の展開過程とみなした。このように古典古代の歴史家たちは、不変の実体が循環して歴史が発展するという立場をとった。

しかし、「永遠に不変なる実体としてのローマ」というような立場は、ローマが帝政期を迎える頃、一群の人々によって疑問視されることとなる。その一人にストア派の思想家セネカがいる。ローマで帝政が確立した頃に出現したセネカは、圧倒的な軍事力で奴隷叛乱を抑え込んでしまったローマに対して、深い疑念を感じていた。ローマ社会を含め森羅万象は自然界に備わる法＝自然法に従う。それをつくり出した神々さえ、自然界が従う法則に自らも従うのである。

酒井は本書において、あたかもヘレニズム思想家セネカのようにして、ポリビオスの古典的歴史観にメスを入れた。酒井は、一九四三年にあって軍国日本の末路を洞察する史家であった。「はしがき」を執筆した日付は同年三月である。前年夏にはミッドウェー海戦敗退があり、前月にはガダルカナル島攻防戦敗退があった。翌々月にはアッツ島玉砕がまっていた。史家酒井三郎は、いったい何を意図して「国家の興亡」を上梓したのか。彼はその意図を、おそらくは、かつてギボン『ローマ帝国衰亡史』研究に取り組んでいた一九三〇年代にすでに抱懐していたのだろうが、一九四三年という国家存亡の危機に直面して、まさしく史家の任務を痛烈に意識し、あるいはまた、「人は歴史に何を学ぶか?」と自問したはずである。

かように、酒井は、権力の絶頂を迎えつつあるローマに衰亡の予兆を感じとったセネカに比肩される。「書かれた内容そのものと同時に、書いた時代がものをいう」と述べる酒井は、その言葉を自らにも向けている。すなわち、ローマ史の同時代人ポリビオス、一八世紀後半に『ローマ帝国衰亡史』を書いたイギリスのエドワード・ギボン、そして一九四三年に『国家の興亡と歴史家』を書いた酒井三郎は、同じくローマ史をテーマに歴史を叙述しているが、それぞれに異なった時代と思潮を背負い、それを自明の事としつつ、その時代を生きる史家として歴史叙述に挑んでいるのである。

青年酒井は恩師中村善太郎、大類伸らとともに、一九三二年に『西洋史研究』(東北帝国大学西洋史研究会編)を創刊し、これに「ギボン『羅馬帝国衰亡史』に関する二・三の問題」を掲載した。それから四〇年を隔てて、立正大学で教鞭を執る老酒井とともに、こんどは青木信家、石塚正英ら酒井の教え子たちが一九七八年に『立正西洋史』(立正大学西洋史研究会編)を創刊し、それぞれ「On The Historical Documentary Sources, "The Confederate Records of the State of GEORGIA"」、「唯物論的歴史観再考察」を掲載した。青木はアメリカ南部に残存する黒人差別を材料にヒューマニズムの探究に進み、石塚はマルクスの唯物史観を材料に歴史観の刷新に進んだ。その際、酒井にとっての〔第二次世界大戦・国家の興亡〕は、青木にとっては〔東西冷戦・アメリカ民主主義の興亡〕であり、石塚にとっては〔南北問題・欧米進歩史観の興亡〕であった。

ところで、東京電機大学創立百年記念関連の会議に出席するため、二〇〇五年五月七日に同大学神田キャンパスに出向いた折、少々早く着いたので、久しぶりに古書店をめぐってみた。洋書の崇文荘書店で、偶然にもアーノルド・トインビー『歴史の研究』全一二巻を目にした。揃いで五万五千円、直ちに購入を予約した。数日後、感性文化学（石塚）研究室に郵送されてきたうちの第一巻を開いて驚いた。その原書の最初の所有者がかつて近衛文麿内閣の閣僚で、逓信大臣、鉄道大臣を歴任した村田省蔵だったらしいのである。A Study of History 12vols は一九三四年から六一年にかけてロンドンで刊行された。村田省蔵はそのうち既刊の六巻（七巻以後は戦後の刊行）を少なくとも一九四五年までにはセットで購入し、戦犯として巣鴨プリズンに投獄されたとき、これを獄中で一部なりとも読んだようである。

その原書を戦後になって第二の所有者（氏名が記されているのだが、達筆で正確には判読できない、「加藤云々」と読めなくもない）が村田から直接贈られた。あるいは、もしかすると遺贈されたのかもしれない。その経緯を簡単なメモにして扉裏に記しておいたのである。最後に「合掌」とあるので、このメモを書いたとき、すでに村田は死去していたのであろう。トインビー死亡（一九七五年）の日本語新聞記事などが原書に挟めてあるので、第二の所有者は原書を大切に保管した模様である。その第二の所有者が晩年か死後に手放したものが、崇文荘の店頭に並んだのだろう。この段階で崇文荘は、戦後に刊行された部分（七～一二巻）を補って、全巻セットで販売していたのである。一九七六年に恩師酒井三郎からしきりにトインビー読書をすすめられた。その当時から私は、できれば縮刷版（サマヴェル版）でなく完結巻で購入したかったので、とにかくこの件はラッキーであった。

なお、村田はフィリピンにおける日本軍の横暴ぶりを批判していたらしい。『レイテに沈んだ大東亜共栄圏』（NHK取材班著）には次の記述がある。フィリピンを占領していた日本軍について、「彼らの多くは視野概して己の周辺を出でず、治安の維持に急して民衆の福祉に疎《うと》く、自己の功を挙ぐるに専《もっぱら》にして他の迷惑を顧みるに遑《いとま》なく、風俗を無視して習慣を重んじず、常に征服者の態度を以って民衆に臨」んでいる。そのような健全な感性をもっていた村田であるから、戦犯として巣鴨プリズンへの投獄を余儀なくされたとき、彼がトインビーの A Study of History を獄中で読みだした気持ちはわかる気がする。

ところで、トインビー『歴史の研究』の原書は全一二巻であるが、その邦訳は全二五巻からなる。その邦訳を企てた監修者、松永安左ヱ門（一八八五〜一九七一年）は、経済界（電力関連）の実力者であった。彼は村田が参画した内閣首班だった近衛文麿と親しく交流したが、産業界で頻繁に行なわれていた談合などの不正は断固拒否の志操堅固で知られ、また第二次大戦中は反戦でとおした。軍国化がすすむ昭和一〇年代、電力国家管理法が成立すると自由主義の立場からこれに反対したが、青年将校らに狙われ、あるときはピストルを懐にいれた若い官僚に脅かされる。それでも反戦を貫くため、一九四一年一二月日米開戦と同時に、すべての職を辞し隠居する。そのおかげで、戦後、多くの有力者が戦犯で公職追放となったおり、しかたなく一時政界に入ったが、石橋湛山らハト派に協力し、岸信介らタカ派とやりあった。それ以外はおおむね経済人で通している。その松永が、禅の鈴木大拙から懇願されて最晩年に取り組んだのがトインビー『歴史の研究』全訳監修であった。トインビー自身も、渡英した松永と親交を重ね、むろん翻訳をも快諾している。二〇〇五年五月に、トインビーの原書全巻のみならず翻訳全巻をも古書店から購入し要点を調べてみて、村田省蔵のことや松永安左ヱ門のことなど、いろいろ勉強になった。

一九四九年生まれの私は、本書刊行の二〇一九年に古稀となる。一九六八年ころから社会的・政治的・文化的な諸問題に関心をもち、身近にあるいろんなメディアに文章を投稿してきた。おりしも、一九六八年五月パリで生じたゼネストに端を発するフランス五月危機（労働者・学生・一般大衆の一斉蜂起）は、私の心身を徹底的にゆすぶった。〝二〇歳《はたち》の自己革命〟である。あれから五〇年、私の研究生活歳時記では紙幅の尽きかける晩秋を迎えている。けれども、二〇歳当時に抱いた、学問の道を歩むべし、との使命を現在も抱き続けている。「戦争のための科学に従わない」（日本学術会議、一九五〇年）私であるから、アメリカン・ファーストのトランプ時代となって、集団的自衛権や自衛艦空母化の諸問題を眼前にして、その使命をますます放棄できないのである。そのような直近の状況も考慮しつつ、半世紀の研究生活で折に触れて綴った学問論に関連する文章を、以下に集成することとしたい。題して【学問の使命と知の行動圏域】である。

なお、本書は長年にわたって記された文章の集成である。表記や文体については多少の差異がみられる。必要に応じて注記や補足をするものの、原則としてそのままにしている。血気盛んな若き日々の〝トロイメライ〟（夢想の情景）もそのままにしてある。初出は、各論末尾に★印で記した。

●目次

第二部　知の行動圏域

第一章

二〇歳《はたち》の自己革命

――一九六九年前後――

まえの年、つまり一九六八年の春から長野市に浪人生活をおくっていた私は、その年、つまり一九六九年の春、東京都下の或る私立大学―立正大学―に入学するため信越線を南下した。とはいえ、その大学に入ると、一～二年時は埼玉県下の或る宿場町―熊谷市―郊外に設置された教養部に在籍せねばならず、六九年の春から七一年の春まで、私はダサイタマの大学生となった。六九年春といえば、私の心は、ヴェトナム戦争やビアフラ飢餓に抗議してパリで焼身自殺した女子学生をテーマに、新谷のり子の唄う「フランシーヌのばあいは、あまりにもおばかさん……」にちょっぴり感傷的となっていた。

とりあえず立正大学熊谷キャンパスにかようこととした私は、浪人中に綴った備忘録によく目をやった。回顧でなく方向づけのためにだ。その備忘録にはこんなことが書かれている。例えば一九六八年一一月二九日、長野市の或る予備校―長野大学予備校―の寮で綴ったものだ。一八歳最後の三〇日を切った頃の文章である。

神は、俺の環境を支配することはできても、
俺を支配することはできない。
だから神はいる。
ここで、俺は精神といえる。

（六八・一一・二九、深夜一時半）

この記述に対し、数日後、こんな言葉を書き加えている。

一一月二九日のいう「神」だが、キリスト教ではない。
なぜなら、絶対のものではないからだ。
では、神、キリスト教でいうそれは？
もちろん存在できない。

（六八・一二・四）

この頃私はこんな本を読み継いでいた。島崎藤村『破戒』、ロマン・ロラン『ジャン・クリストフ』、トルストイ『復活』。六八年の予備校時代には、夕刻から夜更け、ときには夜明けにかけて、よく小説を読んだ。そして抜き書きをした。例えば――

じゃ、自分の考えなんてそっとしておけばいいでしょう！　なぁに、愛しておれば、思想なんて問題じゃありませんよ。僕の愛している女が、僕と同じように音楽を愛していたって、それが僕にとってなにになるでしょう！　僕にとっては、その女こそ音楽なのです！　あなたのように、愛される可愛い娘があるという幸運にめぐまれたら、彼女は自分の好きなものを信ずるがいいし、あなたはあなたで自分の好きなものをなんでも信ずればいいのです。結局、あなたたちの思想には、優劣はないのです。この世には真実のものは一つしかありません。それは、愛し合うことです。

―クリストフ―　（六八・一〇・三〇）

クリストフの素直さ、そのクリストフを説得するリュシル・アルノーのやさしさに魅了され、私は岩波文庫で全八冊からなる『ジャン・クリストフ』を一〇月末から一一月初旬にかけて一気に読み切った。ほかにも、丑松とお志保、ラスコリーニコフとソーニャ、ネフリュードフとマースロヴァの触れあいに、私の心は惹きつけられた。

けれども、それとは別系統の読書が、この頃、断続的に続いた。その一冊に、梅本克己『唯物史観と現代』がある。長野市内には、善光寺の門前町沿いに若菜書房というこじんまりした書店があった。その書店（後日訪ねた二〇〇九年には存在せず）には、岩波のものをはじめ、いろんな哲学書・思想書がそろっていた。店主は奥の机にこしかけ、たしか「いこい」と「ピース」―缶ピースだったと思う―を交互にすっては本ばかり読んでいた。哲学者というか思索者というか、とにかくストイックな感じのするオヤジだった。この書店で私は、梅本のあの岩波新書を手にしたのだ。ジョルジュ・ルカーチの『理性の破壊』とか『小説の理論』とかも、この書店から買った。白水社から一巻一二〇〇円で発売されたばかりで、その値段は私の財布をすっからかんにしたが、それでも配本を予約して買った。野呂栄太郎『日本資本主義発達史』も若菜書房で買った。また、長野駅前にあった長谷川書店では新潮社版の『サルトル全集』やカミュの「異邦人」「シジフォスの神話」などの新潮文庫を買った。サルトルでは「壁」や「嘔吐」に夢中となった。それから、ずっと善光寺よりの、たしか金華堂と称する書店では槇書店版のダーウィン『種の起源』を買った。どの本も、それとなく、なにげなく、おもしろそうだなというくらいの気持ちで手にしたものばかりだった。こんな風な読み物とたわむれつつ、私は一八歳の時、長野の安茂里で、急峻な自己革命を開始したのだった。

一九六八年一〇月下旬、裾花川沿いに建つ予備校の寮（後日訪ねた二〇〇九年には存在せず）で、一〇・二一新宿騒乱のニュースに接した。一一月一九日の新聞では前日に生じた東大闘争の記事を読んでは不安なおももちとなった。その頃、善光寺付近とか信州大学工学部付近とかで、よく「三里塚」という地名の書かれたステッカー、ビラを見かけ、そのようなタイトルのついた映画開催を告げるポスターをもみかけた。ほんらい私は、中学卒業の春―一九六五年三月―、露わになった野尻湖湖底にトレンチを掘りナウマン象の化石骨を発掘する活動に参加してよりこのかた、理系の地球物理学か古生物学を志望していた。その志を貫くために浪人した。けれどもその秋までに、大学での研究を哲学か歴史学かにするんだと、一八〇度方向転換していた。興味の的は、とりあえずは自然から社会へと転回したのだった。もう受験勉強はそっちのけとなった。六八年一二月、備忘録にはヴォルテール、ラ・メトリ、ニーチェ、フォイエルバッハ、そしてマルクスからの抜き書きが次々と綴られていく。例えば三日には――

かくも輝かしく描かれたる
至高本質の光とはこれか？
我らのうつそ身の後に生き残るという精神とはこれか？
これは我らの感官と共に生まれ、生長し、
感官と共に衰退する、
如何せん！
これ亦同じく死を免れぬであろう。

―ヴォルテール―

翌四日には――

神とは人間のもっとも主体的で最も固有な本質が分離され且つえり出されたものである。……神が主体的・人間的であればあるほど、人間はそれだけますます多く自分の主体性と人間性とを疎外する。

―フォイエルバッハ―

……なぜなら、たんに五官だけではなく、いわゆる精神的諸感覚、実践的諸感覚（意志、愛、等々）、一言にして言えば、人間的感覚、すなわち諸感覚の人間性は、感覚の対象の現存によって、人間化された自然によって、はじめて生成するからである。

―カール・マルクス―

「神が人間を創造した」と人はいう。しかし人間はよくそのお返しをしている！　神を創造することは終わったどころではないのである！

―ロマン・ロラン―

こうして自己革命の途は目前に開けてきた。そこで、この途を一気に駆けだす契機となる文章に、私はつきあたった。一人の女性の、過去となった実存である。樺美智子『人知れず微笑まん』、この三一新書もたしか若菜書房で手にしたものだった。一九六九年二月一日、一九歳になっていた私は、こう書いた。

三〇日から樺美智子さんのことで頭がいっぱいだ。樺さんの考え方には、今までのぼくの考えていたこととはまるでちがったものが多くある。そんな気がする。

あの人は一二歳年上だ。今三一歳（のはず）。一一月八日が誕生日、六・一五は安保闘争で死んだ日、一九六〇・六・一五、この日！

今は一九歳のぼく、一九七〇年には安保闘争が、必ずある。どうしても樺さんの考えが正しい、そう信じているんだ。だから、いや、彼女がそうだったからではなく自信をもって、ぶつかろう、安保破棄！

ぼくも思う……「人知れず微笑みたいものだ」

Michiko is no more!

でも、冷たい人なのかも知れない――自然の美で心の安まることのない人だなんて。人間の社会というものに、あまりの情熱を傾けすぎなんだよ、Michiko
けれども、私の志操は、このあともしばらくは揺れに揺れる。

主観――いったい何を意味するのか、たしかに観念論の域なのか。サルトル流の実存、知りたい。

（六九・二・四）

世に存在するものすべては、確実にマルクスの言うように科学的な弁証法により成立しているのか。わからないのはただ一つ――生命だ。これをどう定義するのか。

（六九・二・七）

レーニンの、彼によるマルキシズムの定義づけは、あきらかに農業国ロシアのためのものであり、けっして、西欧生まれの、あのマルキシズムではないのだ。先進資本主義では、あのようにはいくまい。
（六九・二・七）

六九年三月、私はとにかく大学というところに身をおく決意をした。あの立正大学の文学部にどうにか合格したので、四月以降に取り組む課題として、備忘録にこう記している。

一、古代インド史
二、ロシア革命史
三、明治維新史
四、サルトル、ハイデッガーの実存主義
（六九・三・一二）

この頃私はヘルマン・ヘッセの『デミアン』を読んで感動し、読後その本を大切な人に贈ったりしているが、四月、ついにダサイタマの熊谷市に引越してきて、立正大学熊谷キャンパス入学式で、あの赤ヘル・青ヘル、それに銀ヘル軍団の入学式粉砕闘争を目撃することになった。しかし、驚かない。それはそれとして感動しつつも、その月の下旬にはこんな書きつけもしたためている。

ヘーゲル主義の解体の投げかける決定的な問題――観念論か唯物論か、存在が先か意識が先か。
（六九・四・二七）

このようなメモを残したのは、この月にルカーチを通してシェリング、キェルケゴールを読み知り、それらの抜き書きを進めていたためだ。

四月下旬といえば沖縄デー――ヨン・ニッ・パー（四・二八）――で大学はどこも騒然としていた。色とりどりのヘルメットをかぶったセクトのオルグ班が、しきりに私に近寄ってくる。「君は沖縄をどう思う？　どうするべきだと考える？」「そりゃ、返還されるべきでしょう」「おまえ、民青か！」一九五二年四月二八日、サンフランシスコ講和条約が発効して沖縄が日本から切り離されアメリカの支配下に入ってしまったのだった。当時、ヨン・ニッ・パーが近づくと毎年、沖縄問題が新左翼諸セクト間の踏絵となった。ブントに対しては「沖縄は解放されるべきだ」と言えばいい。中核派に対しては「なんたって沖縄奪還だ！　一点突破全面展開だ!!」とか叫んでおけばよい。あれから二五年ほどして四五歳を越えた今（「今」とは一九九六年のこと）の私に言わしむるならば、セクトの学生はことばのネガティブ・フェティシズムにどっぷりと漬かっていたのだった。その頃私は、レーニン『唯物論と経験批判論』、毛沢東『実践論・矛盾論』そして田島節夫『実存主義と現代』などを読み継ぎ、抜き書きをしている。

熊谷キャンパス自治会の代議員に立候補した時、部落問題研究会で一緒になっていた久保田君は、私にこう話した。

代議員、それもクラスから直接選出される代議員というものの主張は、あくまでもクラスの意見の総意のもとに、代表者として代弁するものときめつけるのではなく（たんなるロボット的存在におわるのではなく）、主体性、その人の他だれにとってかえることもできない、代議員その人の主体性がなければいけない。

（六九・六・一〇）

このアドヴァイスは、私の心のまんなかをつき刺した。それからしばらくして、備忘録にこんな文章を綴っている。

実存

本来人間は生まれると共に、社会のただ中に投げ出され、自分自身ではない他者を知り、もちろん物質そのものをも知る。では、なぜ物質と他者のちがいを区別するのか。物質はそれ自身のエネルギーをもちあわせてはいない。位置エネルギーなど、物理学的に定義される諸エネルギー源はあくまでも物質の本質ではあるが、そのものの自由な運動は考えられない。つまり物質には「意志」がないのである。

他者は動く、そのものの「意志」のままに。しかし物質を媒介としてのみ「意思表示」をする他者は、物質的運動をも余儀なくされる。ともすれば全面的に物質としての運動しかできない場合すらある。例えば、がけから落ちつつある者は、どんな意志をもってしても落ちるまではその状態をぬけ出せない。ここで言いたいことは、がけから落ちつつある人間は「意思」までも落ちることに従っているのではない、ということである。決定的に「他者」が「物質」一般とちがう点がここに指摘される。

一人の自分自身は何故自身を知り得るのか。それは、他者がいて、事物（物質一般）があるからに他ならない。人間は、その社会性のゆえに「人間」になった時点から現在まで、常に、人間のお互いの相互関係を事物（物質一般）によって規定してきたのである。

Aが主人でBが奴隷の時、Bは労働によって事物に働きかけ、事物を「物」としてみるが、主人Aを「物」としてみることは矛盾することであると共に、AはBをも「物」として認知するところにAとBの相互関係が規定される。そこでBはなんとかAを「物」にまで落とすか、またはBがAにとってかわることを考える。そこで革命がおき、事物の所有関係のちがいによりAとBの立場を逆立ちさせるか、Aを「物」に落とすかする。

ここで問題になることは、AとBが同時的に「物」となった場合である。その時人間ははたしてだれなのか。だれもいないではないか。しかしあくまでAもBも人間であろうとする。両者が納得のいく関係、それは事物を「物」と規定することによって、つまり労働することでお互いの立場を認め合うこと、「人間化」を示すことである。そこで、AもBも労働する中にはお互いに従属せしめあういかなる意志も含まれない。

最後に。事物の所有関係により人間を位置づけたこと、また事物に働きかけること、などと表現するからといって、必ずしもぼくは、歴史を唯物論的弁証法で発展するものとみなしているのではない。それどころか物質をそなえるゆえに、必ずや、物理的、生物的運動（変化）に従わなければならない人間は、その弱点をいかに認識するかで、物質を越えたより支配的な存在である、といいたい。

（六九・六・一六）

自己革命のまっ只中にあった頃の私である。文章のはこびに劣さが目立つ。迷い道に、ときに足を踏み入れ、他者の告白に接したくもなり、一九六七年一〇月の第一次羽田闘争で斃れた山崎博昭の、死後刊行された日記を読んでもみた。「ニーチェは永遠の青春だ」「精神があらゆるものから自由であるためには、自己の精神の分析が出来る能力があらねばならない」「精神が物質から自由であるためにはいかにすればよいのか」と問うた山崎に対し、私は備忘録の中でこう批判している。

この日記にみると、精神はそのものだけで存続できるもののようである。が、精神は物質によらなければその存在を認知できないことは明確である。精神はそのもの自身を知るために、非精神である対象を必要とし、さらに、認知する方法としての物質による媒介が必要なのである。ゆえに精神は、必ず物質によりそのもの自身を認知する。（六九・七・二）

このようにして山崎博昭を観念論者扱いにしつつ、私自身とてどこか唯物論にははまり切れず観念論をも認めたくないという心情のまま、大学闘争に参加していくことになるのだった。一九歳の夏には、もう一人前の活動家きどりで、備忘録にこう綴るまでになっていた。

斎藤君の言うこと、もっともなことだ。……闘争のうちにみいだすもっとも、いちばんの（けっして、さしあたり、とか、当面なんてのではない）問題点を解決することが、勝利への最大効果を与える。……

しかし、我輩はそうは考えない。問題点に差を、いちばん、とか、もっとも、なんていうふうに、ポイントを設定したりはしない。このことは決して、目標を、最大効果を与えるポイントを考えないということではない。つまり、個別に闘争を組むことはしたくないのだ。いや、個別闘争は、たとえその闘争が最大効果をあげるものだとしても、敗北におわるのだ。

どんな支流、末端にある矛盾点でも、すべてできる範囲で平行線上に闘争を組まなければならない。斎藤君の言うように、主眼をおくものを設定し、その解決・勝利がひいては同時的に末端、支流の矛盾点を解決することに通じるのだという考え方は大きなあやまちで、そのことこそ闘争を敗北に導く最大原因だと考える。

（六九・八・一四）

しかし、志操の揺らぎはまだおさまっていない。このあと一九七〇年に入って頂点に達する。満二〇歳の春である。

状況と意志

何故か今ここに、このような状況のただ中に私という一個の（一個とかぞえることができるかは疑問だが）人間がいる。――「いる」のである。このことは私自身をしてそのように認識せしめるのか、あるいは私とはちがった他者がいるから、対象があるから、私がいるとわかるのか。とにかくそういったものを含めて状況があるから私の行為はある程度それによって還元されて、私自身に「行為した」とうったえてくる。それは、私がいないのならおこらない変化であろうし、それ以前に、そうした中で他のもの、私以外のものは「無」の外の何物でもないであろう。私は一つの行為をなす。そしてある変化（対象物への影響なり、私自身の変化なり）がおこる。私が行為するかしないかはまったく自由である。その行為はしかし誰にたよるでもなく、何ものからのたすけをかりるでもなく、あくまで自己の「意志」によるものである。常に「意志」をもった私が本来の私なのである。

だから、「いる」という場合、他者から見ての私に対する定義である。私から見ての自己への定義は「いた」ということになる。というのも、私が「いる」とするのは私という人間の本質をみてそう定義するからである。そう、他者は本質をみているのである。私にしてみれば、本質というものはあくまでも過去の産物でしかない。何故なら「意志」は、常に、最初から「投企する意志」としてある。昨日の意志は今日のそれとはちがい、明日のそれはさらに、今日のそれとちがうのである。あたかも同一意志であるかのようにみえる場合、「状況」があたかも同一であるかにみえる場合にある。だから状況の中での私は絶えず「自由である」という不安に悩まされつつ、さらに孤独な意志の投企へと実存する。

（一九七〇・二・六）

このあと私はサルトルから離れ始める。マルクスへと向かうのである。しかし、ぎくしゃくはいつまでもついてまわる。ちっともかっこよくないのだ。

「実存する」ということは、けっして「実存主義者」であることにはならない。戦後の「実存主義」は無神論から出発して、あたかも「人間解放」を「唯物論的」に説く。しかし、サルトルは唯物論を理解してはいないし、カミュにしてみても、いかにマルクスのとらえた唯物論（けっしてラ・メトリなどのような機械唯物論でない）を把握していないことか。もちろん、カミュの「不条理の人間」にはマルクス唯物論は単なる「目ざめる前の死にものぐるいの人間の生への欺瞞的な挑戦」としかとれないことであるかもしれない。

カミュは、けっして自己を「実存主義者」とは規定していない。それはサルトルの仲間意識にしかすぎない。

ぼくが「実存する」という時、それは、外ならぬ「人間解放＝自己の解放」へ向かっての投企なのだ。その人間としての支えは「マルクス主義」なのだ。しかし、「マルクス主義」は「実存主義（亜流マルクス主義にいわせれば観念論となる）」とはちがう。ぼくは「実存する」ことによって共産主義の道を選択しているのだ。「実存する」ことにより、外のいかなる観念論、機械唯物論をもしりぞけてきた。「実存する」ことは、まさに、ぼくの場合、共産主義の道を「自由に」選択することになってしまった。そこでは「実存する」ということが絶大な重みをもってくるのだ。（七〇・三・三）

この頃の備忘録抜き書きは、フォイエルバッハ『ルドルフ・ハイムに対する返答』、エンゲルス『フォイエルバッハ論』、レーニン『唯物論と経験批判論』であり、一見するともはやマルクス周辺のものに限定されるようになったかのようである。けれども、このあと私は、「実存」とマルクス主義とをめぐって、大きく、もう一揺れする。

でもいったい、「実存する」ってことの、そのことばの意味がわからないんだ。カミユ流に「不条理に生きる」ってことか、サルトルがいっている意味なのか、あるいはうんと飛躍して（右翼的、観念的と言われるかも、だが）マルクス主義を実践することなのか。

ここでも、ぼくが今のディレンマからのがれる（主体的に）ことができるのは、最後の意味が可能ならばだ。はたして「実存する」ってのは、「実存」という概念—今までマルクス主義者によって観念論的だといわれていた—は、実際にはぼくの考える「実存する」ってことと一致しているのだろうか。それならば、ぼくはこのまま動けない。わからないまま、もうどのくらいの月日がたつことだろうか。

（七〇・三・七）

これはもう、迷いの総反乱である。文章もきわめてわかりづらい。しかし同時に、この備忘録メモを最後に、私は迷いのトンネルから抜け出ていく。カルメン・マキの「ときには母のない子のように」がしぜんとハミングされて、いましばらく私の心を揺すぶってはいたが。

長野市にいた頃、つまり一八歳の頃、私はなんだか実存主義に接してみたかった。それは、新しい思想に近づきたいという意味からではなく、もしかして今自分の抱いている考えは実存主義と同じものではないか、という気がしたからである。その気持ちは埼玉県熊谷市へ来ても変わらなかった。

しかし、現実の大学闘争ではマルクスの名が非常に気に懸っていたし、その方面の書物をむさぼるように読み継いでいった。長野時代に梅本克己とルカーチを読んでいたのが、その後の私に大きな意味をもつことになった。だから、大学一年の頃は、ほんとうにサルトルとマルクスのアマルガムが私を支配していたのである。サルトルは革命についておおいに語っているし、マルクスももちろんである。そんなわけで、一九六九年いっぱいを通じて、アマルガムは私の実践にブレーキをかけることはなかった。

実践ではさして問題がなくとも、しかし理論においては、サルトル対マルクスは、とうとう私の心中のアマルガムをぶちこわした。読書はサルトルを離れ、どんどんマルクスへと向かう。とめどなく向かった。『資本論』を大月書店の国民文庫版で読んだのは一九六九年〜七〇年の冬だった。実に難解であったとともに、実に新鮮なものを感じた。六九年のうちに、私は『ドイツ・イデオロギー』『共産党宣言』『空想から科学へ』『フォイエルバッハ論』くらいは幾度か読み、ヴァイトリングなどドイツ労働運動史についても勉強し、学内闘争委員会を結成して学習会もこなした。こうして私は、大学一年中にはサルトルから離れたのである。自己革命は、一応の終結をみた。
以後は、ノンセクト・ラディカルズの一人として、大学闘争とサークル活動に生活のすべてをあてがう日々が続くのだった。しかしそれでもなお私は、学問することを放棄しない。学問するノンセクト・ラディカルズとして大学闘争にかかわることになるのだった。たたかう全共闘のただ中にあって、学問するノンセクト・ラディカルズを貫き通すのである。

そのような、学問するノンセクト・ラディカルズのノンフィクション・ドキュメントを以下―本書第二部―に記していこうと思う。第一に大学闘争、第二に大学サークル、第三に学問論、第四に研究活動。この順で進んでいこう。用いるドキュメントの大半は一九六九年から一、二年間―一九歳から二一歳の頃―私が書き著し、何らかの発表誌に載せたものである。とはいっても、その多くは謄写版刷りのものである。四半世紀の月日がたっているため藁半紙は一様に黄ばみの度を深めている。明らかな誤字脱字、句読点の打ち間違いを除いて、文章は極力当時のままとしておく。ドキュメントの価値を減じたくないためである。そのことは、すでに引用した備忘録についても同様である。注解の必要なものについては文中に記しておく。ただしアジ・ビラなど文章が練られていないものや繰返しの多いものはいちいち注解をつけずに全部ないし一部割愛し、文脈がとおるよう多少加筆修正した。

＊

次章以降で〝学問するノンセクト・ラディカルズ〟のドキュメントを紹介するに先立ち、ここで一言述べておきたいことがある。それは、私の自己革命には、一九六〇年代後半につくられた映画『いちご白書』にどこか似たところがある、ということだ。七〇年代前半に流行したフォークソング『いちご白書をもう一度』でも知られるこの映画には、ボート部に所属する仲のよい二人の大学生が登場する。そのうちの一人は、学生運動に関心ある女子学生に恋をし、自らも学生集会に参加するようになる。体育会に所属する彼はボート部仲間からはじかれ、親友の彼からなぐられてしまう。けれども、しだいに彼らはそろって学生集会やデモに参加していくことになるのだった。

ところで私は、高校時代にはバドミントン部に所属し毎日グランドや路上を走っては基礎トレに汗を流していた。大学に進んで、まよわずバドミントン部に入った。そして、ラケットを肩にかけて学生集会に参加することとなった。そんな私は中学生の頃から一人の女性に恋をしていて、大学一年のとき、久しぶりに熊谷市で再会した。けれども彼女はこう言った。「兄は東京の中央大学で学生運動をやっていて、機動隊とぶつかったりして、両親も私もほんとうに心配なの」。一九七〇年秋、日増しに闘争へのかかわりを深めていた私は、八年の歳月を経てのち、彼女とのごく自然な別離のときをむかえたのだった。六九年三月にヘッセの『デミアン』を贈った女性である。

ところがその直後、私は、大学に進んでからサークル運動や学生集会ですでに知り合っていた一人の女性に、ほとんど電撃的に恋心を抱く。彼女も、それからバドミントン部で知り合ったりキャンパスのあちこちで知り合ったりした仲間たちも、みなこぞって、七〇年六月には反安保の街頭デモに参加していくことになるのだった。六九年〜七〇年とは、そういう時代だったのだ。私の自己革命は、一九七〇年秋における、一人の女性との別離、一人の女性とのめぐり逢いに象徴される。

〔★映画「いちご白書」みたいな二〇歳の自己革命（上条三郎名）、社会評論社、一九九六年、「序」。〕

第二章

学問論の構築へ向けて

一　学問について

学問の基点

「学問」をどのようにとらえるかについて、私は、その出発点を現実なる人間に据え、その到達点、結論をも現実なる人間に据える。学問の基点（basic point）である。

人間は自然にはたらきかけることなしには生存できず、自然を自己のものとせずしては生存できない。そのはたらきかけは、なにものかを生産する行為、生産活動、労働としてなされる。そこで人間は、いったんは自然を一つの客体（自己以外のもの）と規定し、それにはたらきかけを行なうことによって、それを自己のものとし、その過程で彼ないし彼女は自己を意識する。人間の自己表現は、自然―自己の関係としてあり、したがって、自己がなんであるかは、自然（客体）へのはたらきかけ、生産活動によって把握される。その場合に、自然（客体）の認識は必然的に生まれてくる。そして人間が社会を構成しつつもそれを――自然に対するのと同様に――自己以外のものと感じた場合、しかもなおかつ社会（客体）にはたらきかけずには生存できず、自己と他者との関係を主体と客体といった具合に感じた場合、社会（客体）の認識は必然的に生まれてくる。こうして、自然・社会を認識するという行為は、人間の生産活動を媒介にしてとらえることができる。

学問の起点（start point）と発展（学としての体系化）を問うのであれば、それは以上の叙述の中にみることができる。学問はだから、けっして現実なる人間から独立したものではないし、現実なる人間から離れては存在しえない。それは自然―人間の関係、社会―人間の関係を前提として、また関係そのものとして、生まれてくるのである。その生まれる必然性は、人間（主体）が自然・社会を客体と規定するが故にである。

学問は、人間が自己を表現する（生産する）場合の、表現する対象（何を生産するのか）と、表現する方法（いかに生産するのか）とについての認識であって、表現する対象への人間の主体的な対応が要求される度合いによって、表現する対象はそれだけ客観性を以て規定されるのであり、表現する方法は、表現する対象をより客観的に説明しうるものとして要求されてくる。学問が科学として成立するには、まずは人間による自然・社会への主体的な対応が、それにみあうだけに成熟していること、社会については、その客観性が法則としてはっきりあらわれてくるまでに成熟していることが必要である。その意味で、自然科学的視座、社会科学的視座の成熟した時点で、科学は成立する。

科学としての学問

学問は近代社会とともに科学として成立しえた――自然科学と、そのあとを追っての社会科学。

自然科学の成立は、ガリレオ・ガリレイの地動説、チャールズ・ダーウィンの進化論にみられるように、自然界から神や霊を追い出すことによって――地球はとまり太陽がまわる、人間は神の創造物である→太陽はまわらず地球がその周りをまわる、人間は人間以外の動物から進化した――対象を自己運動するものとしてとらえるところに基礎をおいている。

社会科学の成立は、一七から一八世紀のイギリス経験主義、大陸合理主義以降に形成されてくるブルジョア（近代市民）思想が根付いてくる時期にあたる。政治学においては、政治権力の存在は私的所有の維持・不可侵を目的とする、と主張するロックなどがあらわれ、経済学においては、人間の経済活動の自由放任（レッセ・フェール）を主張するスミスなど、また法学においては、三権分立を主張するモンテスキューなどがあらわれた。こうした人々は、その時代の社会（資本主義の確立期）へいかにはたらきかけたであろうか。それをここではスミスに例をとって追跡してみよう。

アダム・スミス（一七二三〜九〇年）は、当時のイギリスにおける社会現象、就中経済活動に注目して、それまでの封建的ないし絶対主義的国家規制のもとにおける資本の運動を一つの桎梏と感じ、資本主義的商品経済の自然な、全面的な発展を望んだ。スミスは、以前の政治（国家）権力擁護下における商品経済を廃し、市民（ブルジョア）の経済活動に対する自由放任を実現するよう説いた。そこにおいて彼は、新たな資本主義社会における商品経済が一つの秩序を以て展開していることを感じとっていたのである。そして、「見えざる手」によって表現されるその秩序、法則は、何ものにも阻害をうけることなく、「自然的秩序」として実現されなければならないとしたのである。その実現は、国の富の増大を促進し、国民に豊かな収入をもたらし、またそれを保証する国家の利益をはかることにつながると、彼は考えたのであった。

アダム・スミスの思想は、ブルジョアジーがまさに支配権力の座につこうとしている時に、古い桎梏（封建的諸規制）から自らを解放していく段階の、市民（ブルジョア）としての思想であった。このようにして、アダム・スミスに例をみる社会科学の成立は、対象（社会）を、法則を以て運動するところの、自己運動系として把握するところに基礎をおいている。しかし、社会科学の発展にとってもう一つ問題となることがある。それは、なぜ社会が自己運動をするのか、ということである。この問いに対してアダム・スミスは、「見えざる手」をもちだすことで、人為を超えた、いかようにも説明しがたいものにしてしまっている。社会科学の使命が事実を客観的にとらえることであるのならば、この問いに解答を与えなければならなかった。こうした限界は、資本主義社会が一定の発展をみてのち、現実を分析しきれなくなり露呈してくる。スミスに例をみるイデオロギーは、一九世紀前半に始まる周期的、世界的経済恐慌の嵐のまえに、進歩的イデオロギーとしての価値を完全に喪失した。

この限界を突破するカギは、ブルジョア・イデオロギーの枠内からは出てこなかった。それはプロレタリア革命を指向するイデオロギーの中からあらわれた。『ドイツ・イデオロギー』（一八四五年）の著者であるカール・マルクスとフリードリヒ・エンゲルスは、その中で次のように述べている。――「人間たちが自然成長的な社会に住むかぎり、またしたがって特殊利害と共同利害との分裂が存在するかぎり、活動もそれゆえ自由意志的でなく自然成長的に分割されているかぎり、人間の自己本来の行為が、彼にとって疎遠な、対抗的な力となり、彼がその力を支配するかわりに、その力が彼をしめつける」と。また、「社会的な力、つまり分業によって条件づけられる種々の個人の協同によって生ずる、幾倍にもなった生産力は、これら諸個人には、その協働そのものが自由意志的ではなくて、自然成長的であるため、彼ら自身の結合された力としてはあらわれず、むしろなにか疎遠な、彼らの外に立つ強制力としてあらわれる。そしてこの力については、彼らはその来しかた、行くすえが全然わからず、したがって、もはやこれを駆使することはできないばかりか、逆に、いまやこの力のほうがそれに固有の、一連の局面と発展段階の継起を――それは、人間の願望や行動に依存しない、いやむしろこのような願望や行動に方向をあたえる働きさえする――通過する。」（合同新書）のだと。

人間が目的意識をもち、目的指向的な行動をとろうとも、それにもかかわらず、その意識や指向のままに社会が構成されず動かないということ、また人間によって対象化されたものが、人間から独立し人間を支配し規制してくること、したがって、人間は己れが生産するものによって支配されてしまうこと、主体としての生産者が己れの生産物の客体となってしまうこと、そして生産物が人間の手を離れて一つの社会的な力になること、さらに、社会的な力は人間諸個人の力の総和であるにもかかわらず、人間の意志から独立して固有の運動をすること、以上の現象がなぜ、どこからおこるのかについて、マルクスとエンゲルスは――「一言で言うならば、分業である」と述べ、それは別の表現をすれば「所有」である、と述べている。人間諸個人の活動（労働）が社会的分業として行なわれ、人間相互の関係が（私的）所有の関係として成り立ち発展しているところに、社会的な力が自己運動をするということの根拠があるというのである。

人間社会を貫く法則が、諸個人の意識や指向にかかわらず、自然法則と同様に存在することは、近代資本主義社会の成立によって――それまで局部的、偶然的にしかあらわれなかった商品経済が、全社会をおおい、生産手段を所有する一群と、それを所有しえず労働力を売る一群とが普遍的に存在するに至って――認識可能となった。そしてブルジョア・イデオロギーの枠内ではとらえられなかったその原因――社会は何故自己運動をするのか――がマルクスとエンゲルスによってとらえられたのである。学問が科学として成立するについては、まずはアダム・スミスに例をみる思想の生まれる必要があった。しかしそれはマルクスに例をみる思想によって変革、批判されなければならなかった。（そうだからといって、社会科学＝マルクス主義というように、無媒介的に短絡してはならない。）

科学の幻なる中立性

地動説、進化論、これらは自然科学（的視座）の成立を示している。地動説はガリレオによって説かれた。

彼は、当時だれもがそうでなければならなかったように、ローマ・カトリック教徒だった。地動説を説いた彼は、カトリック教会の宗教裁判にかけられ、「それでも地球はまわる」とつぶやくのほか異端とされた。当時の支配勢力ローマ・カトリック教会にとって、地球がまわることは支配権力の威厳喪失を意味し、ローマ・カトリック教会にとってそれは封建体制の崩れること、特権階級としての教会ヒエラルキーの順位がまわってしまうことを意味していた。だからローマ・カトリック教会にとってガリレオ（自然科学）を認めることはできなかったのである。ガリレオ（自然科学）はローマ教会にはなんらの利も与えず、害あるのみだった。

アリストテレス（ギリシア哲学）を根拠としそのキリスト教化をはかることによって完成された中世スコラ哲学は、神学（学問）としてローマ教会のイデオロギー的支柱となった。その際スコラ哲学は、その大成者トーマス・アクィナスがどういう意図からそれを完成させたかに関係ない役割を演じた。たとえアクィナスが、これぞ進歩的、普遍的だと思って体系化したものであろうが、スコラ哲学は自然科学とはなじめるはずがなかった。ガリレオは主張した――科学は中立である、科学は思想とは無縁である、と。しかし、ローマ教会にとって神学（宗教的真理）以外のなにものをも真理とすることはできない。その意味において、科学（客観的真理）は一つの思想とみなされたのであり、科学は批判されたのである。自然科学はどうみても、そこから宗教的真理を導き出せるはずがないものだったのである。

支配イデオロギーをつきくずす思想は如何なる意味があろうとも支配イデオロギーではなく、対立する反逆思想とみなされたのである。科学の「中立性」自身は、主張そのものが思想だった。支配者は、己れに害なき（あるいは利ある）思想に対しては、その思想の「中立性」を必ずしも要せず、しかも「中立性」の幻想をうえつけ、支配の思想を万人に普遍的利益を与えるものとして宣伝する。思想の「中立性」は常に思想の「支配性」を隠蔽するために用いられるのである。ガリレオは、「科学は中立である」と信じていた。その宣言はローマ教会には何の役にも立たなかった。そのことは、ガリレオの主張が真に「科学＝学問」を理解していたのではなく、かえってローマ教会こそが真に「科学＝学問」のもつ意味を歴史の中で示したにすぎなかったのである。

封建体制の打倒を志向するイデオロギーは絶対王政を擁護する思想、王権神授説に真っ向から対決するものとしてあらわれた。それはジョン・ロック（一六三二〜一七〇四年）の『市民政府二論』（一六九〇年）にあらわれた。彼は、政府というものは誰の手もとにおかれようと、人々が物を所有しかつ確保できるという条件下に託されたものであり、またこの目的のために託されたものであることを主張する。また彼は、私的所有の不可侵性と、その国家による保証を述べ、したがって君主や議会が人民相互に所有物を統制するために法をつくる権力をもっても、人民の同意なしに人民の所有物の全部あるいは一部分を取り上げる権力をもつことはできない、と主張する。この主張はつまり、王権を人民の手に奪取せねばならないことを意味している。ロックの、この市民社会理論としての政治学、法学の原理は、王権神授説にみられるような宗教的権力を楯にしたものではなく、人間の自然権（基本的人権）を楯にしており、諸個人は相互に契約をとり結び、国家（政治）権力はその保証のために存在する、とされている。

ロックに例をみる原理（近代政治学、近代法学）は、ときの革命、名誉革命を擁護し正当化するものとして作用した。この原理は、名誉革命がブルジョア革命であったことからみても明白なように、それまでの支配者にとって、けっして「中立」なものでありはしない。王権神授説の説くところでは、国王の地位（王権）は神から与えられた神聖不可侵なものであり、国王は神にのみ責任を負う。だから王を攻撃することは神を攻撃することであった。絶対君主にとって、王権神授説を排するロックは、学者というよりも叛徒であり、大逆罪を煽動するイデオローグであった。

ブルジョア革命の貫徹とともに、それまで被支配階級だった第三階級はおおいなる市民権を獲得した。彼らは王権を廃止した。宗教の自由は確立された。国家はもはや政治的な次元で宗教を必要としなくてすんだ。第三階級による革命は、それ以前の初期市民革命運動にみられたような、宗教的対立の装いをもたずに、国家が宗教から解放され、第三階級は宗教を支配イデオロギーの座からひきずりおろした。それにかえて、新たな、彼らによって獲得された「自由・平等・安全」をその座にのせた――その際、「自由」の権利（その実際的な適用は私有財産）とはすなわち利己の権利であり、「平等」の権利とはすなわち利己の平等であり、そして「安全」の権利とはすなわち利己主義の保証である。（マルクス「ユダヤ人問題を論ず」岩波文庫）

自然科学・社会科学は、支配権力を脱してガリレオの夢みた科学の「中立性」を獲得し、科学と思想との無縁性を獲得しえただろうか。また科学者は、ロックの主張した人民の科学となっただろうか。それは幻なる「中立性」を獲得し、ローマ・カトリック思想（思想一般ではなく）との無縁性を獲得し、またブルジョアジー（人民一般ではなく）の科学となっただけである。科学は、いまや支配的な体制、ブルジョア社会において急速に発達した。革命当初は万人に有益に思えた自然科学は、産業資本の形成期において多くの貧民や失業者を産み出していった。社会科学は、資本主義恐慌によって不安がつのったブルジョア社会をもはや分析しきれなくなった。それを突破するにはブルジョア社会に巣食う根元的な矛盾（所有、分業）を止揚せねばならなかったが、支配階級たるブルジョアジーは、けっしてそれを認めなかった。所有の廃止は、ブルジョアジーの神学＝利己の思想と真っ向から敵対するからであった。ブルジョアジーは、己れが絶対君主と戦うとき楯にした客観的真理を、こんどは己れの座をまもるために隠蔽し始めたのである。科学はブルジョアジーの支配の道具に使われることになった。しかし科学は、そのような次元にとどまってはいなかった。ブルジョアジーが自からつくりだしたプロレタリアート、彼らこそ、さらに科学を発展させる主役となっていこうとしたからである。

学問は、科学として成立する以前は一つの体制の思想（スコラ哲学、王権神授説）を内包していたし、カトリック思想のゆえに神学（学問）は存在し続けた。そして学問は、次にはブルジョア思想を内包することによって科学となった。それはブルジョア思想（支配イデオロギー）のゆえに成立し、発展した。学問は、それ自体として思想を内包するものであるがゆえに、必然的にときの支配イデオロギーを内包していくのである。

第二次世界大戦後の日本では、「科学」に対するさまざまな考え方が氾濫してきた。そして、それが一つの大衆運動となっていったものに、原水爆禁止運動があった。日本は世界で唯一の被爆国であること、科学の粋を結集した成果である原子力が戦争に使用されたこと、それらが基盤となって、さらに戦後アメリカやソ連がやたらと行なう核実験が再び人々を不安にさせたこと、あるいはまた戦後になっても、第五福竜丸の被曝（一九五四年アメリカによるビキニ水爆実験に際して）が存在していることから、原水禁運動は国民的な高まりをみせていった。この運動にみられる思想には、「科学の悪用」に対する抗議としての、また科学の悪用を許す「政府、政治」の欠陥に対する抗議としての意味があった。だから、科学が社会の役に立つか否かはそれを使用する人間によって決定され、用途の善悪は政治によって決定される、と考えたのであった。その思想の前提になっているものは、科学とはなにか社会の外に超然としているもの、現実なる人間から独立しているもの、大学や研究所に大切に保存されているもの、というような傾向である。科学が人間のためになるか否かは、それが現実社会に用いられるときにかかっており、政治を行なう政府の態度如何にかかっている、だから原水禁運動は政治を批判する反政府闘争として貫かれねばならない、としたのである。そこには、なにかしらガリレオを思い出させるような思考が存在しているように思われる。

ところで、一九六〇年代後半の大学闘争、反合理化闘争、反戦闘争を画期として、それまでにない科学の認識が登場してきた。それは原水禁運動とは質的に異なり、それだけ飛躍しつつある認識である。それは、科学を「中立」なもの、「悪用」されないかぎり人間のためになるもの、という認識の枠から脱していく過程である。「科学はイデオロギーの一形態である」、「思想は科学の前にある」——科学は批判に付された、それも体制批判とともに、体制批判として。科学をなにか超然としたもの、そのものとしては政治と無関係なものと考えることの否定から、科学をブルジョアジーの支配の道具、そのものをブルジョア・イデオロギーのごとくにとらえていくようになった。また、科学批判はそのまま科学者批判となり、科学を中立なものとして金科玉条のようにとらえてきたアカデミズムは批判され、粉砕の対象となっていった——反大学・大学解体。

学問の中立性は幻想である。「学問それ自体は思想とは無縁である」ということの現代における真の意味は、「学問（科学）はブルジョア・イデオロギーを内包している」ことを隠蔽し、「支配」（実態）を「中立」（幻想）によって隠蔽することである。学問は、主体が客体にかかわるについての認識であるかぎり、思想を内包する（けっして学問＝思想というわけではない）。

科学と思想

思想とは何であるのか、そして科学とは何であるのか。両者の関係をさらに深くみていくことにする。

人間はなんらかの目的を達しようとするとき、なんらかの行為をせねばならない。思想において客体を、その運動法則を把握するには科学が必要なのであり、科学は思想と無縁なところに存在するのではない。思想とは、第一に主体から発する客体へのかかわりとしてあり、けっして体系化された、人間から離れた対象として存在するのみではない。ところで、客体の運動法則を把握するということは、客体の客観性をとらえることである。それは、人間の主体性を対極におき、そのことによってはじめて可能なのである。客体の法則性はまた必然性としてある。客体の必然性は、しかし、人間がとらえる意味においてのほか、けっして人間から独立していることはない。ここで言えることは、主体性と客観性とはメダルの表裏だということである。科学は客体を法則的にとらえうるし、それであってはじめて自然・社会（対象）の矛盾、発展が認識できるのである。さりとて科学は、人間が自然・社会にはたらきかける、そのかかわりを前提としているのだから、思想を内包している。思想を内包する科学といい、科学の前にある思想といい、いったいその構造はいかなるものか。

思想（かかわり）において客体を把握する場合、知識と技術が不可欠である。それらは人間社会の発展の程度によって、その量やら内容やらの差がどうであろうとも、学問としてその必要性はたしかめられてきた。知識と技術は、客体（自然・社会）に対する人間のかかわりに必要だったし、そのかかわり方がより主体性を強めてきたことは、学問が科学として成立していく過程に反映されてきた。学問は、人間が自然・社会にかかわることを前提として、さらにはその結果として生まれ、発展してきたが故に、思想を内包する。思想なくして、また「かかわり」なくして、学問は必要とならなかった。

知識と技術はまた思想の形成に応じて、主体から客体へのかかわりの度合いに応じて、その段階の学問に実体的な基礎を与える。獲得された知識・技術はさらに思想形成を促し、新たに形成された思想は、それはそれでさらに高度の知識・技術を要求する。人間のかかわりが主体性を維持・強化していくことにより、学問はやがて科学的視座を獲得していく。学問と思想との関係を図式にすれば――学問＝「知識・技術⇅思想」となる。(⇅は相互に影響を与え、交互的に支えあうことを意味する記号)

学問は、主体―客体の「関係」から、思想から説明された。思想は、自然と社会という、人間にとって客体(自己以外のもの)としてあるものと、人間(自己・主体)との「関係」である。だから、社会思想の場合はけっして自立した歴史をもつことはない。なぜなら、主体と客体の関係が現実社会にあらわれるのは、自己(主体)と社会(客体)でなく、自己(主体)と他者(客体)としてであり、さらには、何ものかを「所有する」者とそれを「所有しない」者としてであって、それはけっして一定ではないからである。所有は、それが発生してのち現代に至る間に、所有「形態」として断続的に変化してきた。所有形態の変化(とりもなおさず分業の変化)にともなって、主体(所有者)と客体(非所有者)とは変わってきた。所有形態が質的にみて断続的に変わってきたことと同じである。したがって社会思想は、断続的に変化する所有と階級とを反映して、これもまた断続的に変化してきた。

学問は思想を内包するが故にまた断続的に発展してきた。だから、学問をさらに深くみていくには、「関係」の問題に入らなければならない。

二　思想について

思想の自己展開

学問は思想から説明されたが、こんどは思想が所有から説明されるはめになった。そこでこんどは思想と所有の問題をとりあげねばならない。またそれには、ヘーゲル哲学を分析するマルクス、エンゲルスの立場を概観する必要がある。

ヘーゲル哲学が、一つの体系として完結した理論であることは、彼のいわゆる「絶対精神」が自然に外化し、やがて人間（思考と歴史）のうちでふたたび「絶対精神」として運動を完結するという意味によって把握される。「絶対精神」は、歴史（現実なる人間の行為）の中にあるのではなく——歴史によって説明されるのではなく——、かえって歴史は述語であり、主語はあくまでも絶対精神である。ヘーゲル哲学においては、主体は精神である。自然は人間の対象化作業の繰返しによって、やがて人間と同一のものになる。だから、人間が自然へ自己疎外するということは、自然を自己の自覚として、その中に自己を発見し、それを不断に自己のものとしていくことであり、その場合の「人間」とは、主体であるところの精神なのである。ヘーゲル哲学にとって対象化と（自己）疎外とは区別されることがない。

ヘーゲル哲学では、自然は「絶対精神」の外化したものであって、本源的なものは精神である。自然は不断に人間（精神）によって「絶対精神」へと回復されるのである。ヘーゲル哲学にとって意識と存在が同一のものであることは、自然が「絶対精神」の外化されたものであるかぎりにおいて納得しうる。（カントの不可知論は観念論によって十分批判される。）ヘーゲル哲学にとって、「絶対精神」は普遍のもの、

「永遠の昔から、世界より以前に、どこかに存在していたもの」（エンゲルス『フォイエルバッハ論』）である。「絶対精神」の外化と回復の運動は「概念の自己発展」であって、世界（自然・歴史）の運動は、より低い段階からより高い段階へと発展する概念の自己発展の模写だとされる。ヘーゲル哲学にとって、現実を動かしているものは諸個人の力ではなく、なんらかの絶対的なもの、世界から独立したものである。

ヘーゲル哲学の体系と方法との矛盾は、観念論と弁証法との矛盾である。ヘーゲル哲学の体系は、「一切を包括し、終局的に完結した自然と歴史の認識」（エンゲルス『空想から科学へ』）であって、それはヘーゲル哲学の方法、「自然的、歴史的、精神的世界の全体が一つの過程として、すなわち、不断に運動し、変化し、改造され、発展するものとして把握」（同上）されることと矛盾している。さらにまたヘーゲル哲学は、歴史において思想がつねに支配するという思弁哲学を代表し、人間なるものから抽き出される」（マルクス・エンゲルス『ドイツ・イデオロギー』）ことを意味する。

このように、ヘーゲル哲学にあっては、世界の運動は人間の自己疎外とその回復によって動くとされるが、主体である人間は精神とされることによって、世界の運動は思想の自己展開過程ということになる。マルクスはこれを「逆立ち」と表現したが、それは何故おこるのか。その解答の糸口は、ヘーゲル哲学の体系と方法との矛盾に存する。彼は観念論者だった。思想について、現実世界からは一切説明しなかった。思想を説明することは、思想＝観念を表象せしめる現実世界を分析せずしてはできないことである。人間を、現実なる人間、生きて活動する人間から捉えなければならない。人間についての空想を前提としては、現実の人間については何も語れず、空想を最後まで空想のままにしておくほかに何もなしえない。そうした観念論と弁証法とが結びついたところでこそ、思想は自己展開してしまうのである。だから、ヘーゲル哲学を批判するには、現実なる人間に眼を向けなければならない。

意識された存在

ヘーゲル哲学によって逆立ちさせられていた思想＝現実世界の位置は、マルクスによって正位置におきかえられた――「意識とは意識された存在にほかならない」（『ドイツ・イデオロギー』）。思想は現実世界から切って語れないし、現実なる人間をはなれて存在しえない。思想は現実世界の物質的諸関係の観念的表現であって、その意味で、思想と現実の物質的諸関係とは同一のものであり、思想は物質的諸関係によってしか説明されない。

人間の実践（生産活動）は、自然へのはたらきかけによって生活資料を生産することであり、その際つねに社会へのはたらきかけを必要とする。社会へのはたらきかけは、言いかえれば、人間による他の人間へのはたらきかけにほかならない。だから人間―人間の関係は、人間―自然の関係を根源としている。ある人間が他の人間を規定することは、人間が自然を規定することに根源をおいている。思想はそういった人間―人間の関係であり、ある人間が他の人間を規定するところの、意識的行為（意識レベルの行為）のことである。

その現実的な規定は、物質的諸関係としての社会的実践である。このようにして、思想は、人間が自然にはたらきかけなければ生まれないが、それと同時に、人間が他の人間にはたらきかけることがなかったなら、生まれない。なぜ人間―自然の関係が、人間―社会の関係を生むのだろうか。その条件を探ってみなければならない。その場合、条件は、生産と所有の矛盾から説明される。

人間が、自己の生活資料を生産する場合、そして、それが彼の生活の生産にとって余りあるものを残す場合、そしてさらに、その余り分を別の生産物と（他の人間と）交換する場合、彼は一つの社会的関係をとり結ぶことになる。また、自己の生産するものと、他者の生産するものが違ってきて、つねに交換をするようになると、社会的関係は維持され固定されていく。それは自己と他者との間の分業となり、いったん分業が成立し発展すると、自己の生産するものの大半は交換の為に彼の手を離れていく。そして彼は無数の人間と関係し、そのように発展した分業（生産力）は、それに包摂される人間を交換にしばりけけていく。分業の発展と同時に、また、個々の生産者の手もとに、彼らによっては消費されずにいる富が残り、それは所有を産み出す。この富（蓄積された労働）がいずれ現実の生きた労働を支配するようになるに至って、人間の社会的関係は確立する。

所有は、ある人間が他の人間を規定することの、物質的な関係である。その場合、人間―人間の関係は、「私」―「私」の関係となる。それは、一方が主体となり他方が客体となる関係である。主体となる「私」は、あるものを所有する人間であり、客体となる「私」は、それを所有しない人間である。主体―客体は、このような所有という物質的関係によって定められ、そのような関係こそ、現実なる人間を説明するのである。思想は、所有によって規定される主体―客体の関係の、観念的表現である。だから思想を語るについては、さらに現実を捉えていかねばならないし、それは現実の（存在としての）人間から出発することである。第一前提は、「意識とは意識された存在にほかならない」ことである。

思想の存在基盤

人間とは何であるかに対する返答は、意識としてそれが説明されるのではなく、彼の現実の生活過程を語ることによってなされなければならない。思想は、人間の行為の意識過程であって、それは生活過程から説明される。現実なる人間が何であるかを説明することは、彼が何を所有しているか、そして、いかなる分業に包摂されているか、ということによってなされる。それは彼の現実的（「意識的」に対するものとしての）生活過程である。思想が主体―客体の関係、社会的関係の観念的表現であるかぎり、それは、現実的、物質的表現である所有によって説明される。そこで次に、ある時代の、それに特有な、支配的な所有形態をみること、そして支配―被支配の関係を分析してみることにする。

所有（形態）は社会的関係であり、それは歴史的にみて、アジア的所有形態、古典古代的所有形態、封建的所有形態、そして資本主義的所有形態に区分される。これらは単系発展とは限らないものの生産力の増大によって次々と登場してきたが、生産力はけっして一定の所有の形態の枠内にとどまっていなかったし、その発展にみあったものが以上の諸形態として登場してきたのである。生産力の発展は一つの所有形態と矛盾し、次なる形態を呼びおこす。このようにして所有（形態）が変化するにつれて、それによって説明される思想もまた変化すると考えねばならない。所有形態は生産力の発展に対して断続的に変化する。人間―人間の関係は、あるものを所有する者とそれを所有しない者との関係として、断続的に変化する。

社会的関係としての主体―客体の関係は、「生産手段」の所有―非所有の関係である。生産手段の所有者は支配者であり、主体である。生産手段の所有者は、その観念的表現である支配思想の所有者である。支配思想は社会的関係の、主体―客体の関係の観念的表現である。支配思想はだから、断続的に変化する。そして、それは思想一般として自立した歴史をもちえない。歴史上に出現した支配思想は、各々が敵対の中から生まれ、敵対の中で滅び、各々はみな以前の支配思想を全面的に否定することを使命としていた。

思想が自立した歴史をもちえないことは、すなわち、それはけっして自己展開しないし、それは現実的物質的諸関係によって規定され、変革されていくことでもある。思想はけっしてヘーゲル流に現実世界を動かすものではなく、かえってそれは、現実世界の反映なのである。「物質的生産と物質的交通とを発展させる人間たちが、こうした彼らの現実とともに、彼らの思考活動と、この思考活動の所産とをも変革する」(『ドイツ・イデオロギー』)のであって、思想は現実なる人間から離れては存在しない。

思想をけっして体系化されたものに限定するのでなしに、「かかわり」の発端である主観的意図を思想として原点にもつならば、人間の行為はこの主観的意図があってはじめて行なわれるのであり、さらに、その積み重ねがやがて体系化されたものとしての思想を形成していく。その場合、思想が現実の行為によって発展するばかりでなく、逆に現実的行為の方も思想によって決定されていく。行為というものはだから、それまでの行為によって形成された思想として、観念的表現としてまず設定され、やがて行為される。だから現実の行為は、それに先行する意識(思想の)過程において決定され、そして現実に行為される。

思想は現実の行為によって規定され、かつ次なる行為を決定していくのだから、思想はやはり、現実の行為によって分析されねばならない。分析する場合は、現実的行為が所有関係に起因するという点から開始する必要がある。現実の社会的諸関係の観念的な表現が思想なのだから、支配―被支配の関係にある社会での階級対立は、思想上でも対立している。それは、支配思想が支配階級(主体)から被支配階級(客体)へのかかわりとして存在するのに対し、被支配階級(意識上での主体)から支配階級(意識上での客体)へのかかわりとして対抗的思想が存在(発生)することによって表面化する。その際、被支配階級の思想は当然ながら革命を、現状の転覆を志向するものであり、既存の物質的諸関係や所有の関係を転覆させることによって、意識上での主体の位置から現実上での主体の位置へのぼろうとする。そのかぎりにおいて被支配階級の思想は存在しうるし、支配階級の思想と対等である。だがプロレタリアートの思想にかぎっては、いままでどの支配思想とも対等でないし、その次元を超えている。プロレタリアートの思想は矛盾する二面をもっている。一つには、支配階級の位置をめざす意味で従来の支配思想――直接的にはブルジョア・イデオロギー――と対等であること、さらに――これこそ前者を乗り超える批判の名にふさわしいものだが――自らの思想の消滅を志向することである。自らの思想＝プロレタリアートの思想を消滅させるには、ブルジョア・イデオロギーを規定している物質的諸関係を革命によって破壊するとともに、プロレタリアートの思想が支配思想として存続できないように、その物質的諸関係を消滅させることが必要である。

思想（の消滅）を問題とするとき、それが現実の物質的諸関係によって規定されるものであるならば、それに立ち入らなければならない。そのことはけっきょく、労働（分業と所有）の問題となる。

三　労働について

労働の二重性

人間は、自然へはたらきかけずには生存できない。自然へはたらきかけることは労働を意味し、これによって人間は、自分自身を自然化し、自然を人間化していく――「人間は自然によって生きていく、という意味は、自然は人間の身体であり、人間は死なないためにはたえずこれとかかわりあっているのでなくてはならないということである。人間の肉体的および精神的な生活が自然と関連しているということの、ほかならぬ意味は、自然が自然自身と連関しているということだ。というのは人間は自然の一部であるから。」（マルクス『経済学哲学手稿』）

労働は自然へのはたらきかけであると同時に（それだけでは労働の意味を説明していない）、社会へのはたらきかけ、あるいは、人間の、他の人間へのはたらきかけでもある。人間は、他の人間にかかわりをもつ場合、それは労働によって規定され、それを媒介にして、その中に統一せられている。最初、自己のための労働であったものは、生産力の増大（分業の変化、所有の普遍化）によって、必然的に他者のための労働となる。分業＝所有の発生・変化によって、他者のための労働が必然となることは、生産物が商品となること、つねに交換を目的とするものとなることを意味する。この段階での自己と他者との関係は、個―個の関係ではなく（それは主体―客体の関係をもたない）、私（主体）―私（客体）の関係となっている。そして、その根拠は所有＝分業である。

労働による自己の対象化物（生産物）は、商品となることによって、他者のための生産物としてあらわれる。それは労働による自己疎外であり、外化は疎外としてあらわれる。そして、生産物が生産者以外の他者の所有になることによって、その生産物は、生産者自身にはどうすることもできない一つの物的な力にまで発展する。労働が疎外されるのは、使用価値としての生産物が社会的関係の中において交換価値（商品）としてあらわれることによるし、その社会的諸関係が一つの物質的強力として人間を支配するからである。

労働の二重性は「疎外」の現象によって説明される。ある生産物が、その生産者の意志によってつくられたにせよ、社会的関係に入り込むことによって、それは彼の意志によっては動かず、かえって意志に反して、彼自身に対して一つの自立した強力となる。生産者は自然と関係を結ぶことで自己をその中に発見するが、その関係は自己と社会との関係を生ずることにいたって、彼を支配するものとなる。彼はやがて「労働の対象をもらい」、彼は「生産手段をもらう」ようになる。そして彼の、彼自身のための労働は、他者のためのそれになっている。それは、「労働はただ諸商品を生産するばかりではない。それは労働自身と労働者とを商品として生産する」（マルクス『経済学・哲学手稿』）ことにはっきり示されるのである。

生産者の生産物からの疎外、生産者の生産（活動）からの疎外は、生産者の社会的関係を一つの外的強力としてしまい、彼にとって社会はまったく対象（自己以外のもの）として把握される。人間にとって社会が対象として存在することは、言い換えれば、人間が自分自身に対して対立していることであり、それは現実的には、他の人間に対立している関係としてあらわれる。ある人間が他の人間に対立していくことは、人間―人間の関係が私―私の関係となり、主体―客体の関係となることである。そして、その対立は、人間の労働（その分割）そのものから必然的に生まれてくるものである。労働は蓄積され、所有としてあらわれる。所有は私的所有として、現実の人間を隔離する物質的基盤としてあらわれる。

労働と社会科学

前節で展開した労働の二重性とは、人間が何であるかについて返答する場合、どうしても把握しておかねばならない認識である。労働は、人間の対自然関係であるとともに、人間の対人間（社会）関係であるということ、その認識を見誤ってしまうならば、思想は宙に浮いてしまい、一人歩きしてしまう。労働の二重性は「労働力の商品化」においてはっきりと示されている。それは、労働が自然の対象化としてあるとともに、労働主体そのものの対象化としてあるということ、労働による生産物が商品となるともに、労働力（提供者）そのものが商品となるということである。労働の二重性のうち対人間（社会）関係を捨象し、労働は対自然関係のみに抽象してしまうと、「疎外」については一切語ることができず、したがって、「商品」については一切語れないことになる。

人間が対自然の関係をとり結ぶ過程は、対人間（社会）関係をつくりだしていく過程である。したがって、自然認識と社会認識（歴史認識）は、労働の二重性を把握することによって、結合されるのである。自然へのはたらきかけと社会へのはたらきかけがいっそう強まるにしたがい、それらを認識する必要性はいっそう強まっていくのである。それによって、自然科学・社会科学が生まれたのである。しかし、その認識がかかわり（実践）を前提とし、それと合致しているものであるかぎり、認識は対象変革を志向するものであること、これを強調しておかねばならない。

社会科学を、社会に関する認識一般とみなすかぎり、社会科学的認識と価値判断との分離は避けられず、理論と実践との分断は避けられない。学問は、人間が対象（自然および社会）へはたらきかけてそれを改変ないし変革するための認識なのである。学問は、はたらきかけ、改変・変革を前提、根元としているのだから、当然思想を内包するのである。

人間が自然を認識し、社会を認識する行為は、対象（自然のみならず社会）を自己運動系として把握することによって、自然科学・社会科学を成立させた。だが、社会科学の場合、それが成立する根本に私（主体）―私（客体）の関係がある以上、客体である社会の運動法則を捉えるだけでは社会科学の必要性を言い切ったことにはならない。社会科学は、次には自らの存在基盤〈私―私の関係〉を批判しなければならないのである。なぜ批判されるのか？　そして「批判」とは何か？　そのことを、いよいよ最後の章で展開するが、いままでに主体―客体の関係をさまざまな表現で説明してきたので、ここに整理しておこう。

	〈主体〉		〈客体〉
①	生産物	―	生産者
②	所有者	―	非所有者
③	支配者	―	被支配者
④	社　会	―	人間（諸個人）

①生産物が、その生産者の手を離れて彼を支配することにより、生産者は生産物の客体となる。
②しかし、それが現実社会にあらわれる場合には、生産物を所有する者が主体となっている。
③その中で、生産手段を所有し生産物を独占的に処理する者は支配者となり、その一群は支配階級をつくる。
④あたかも社会を自由に操作しうるかにみえる支配者も、けっきょくは社会の自己運動によって支配されており、したがって人間総体にとって社会は主体としてあらわれる。
以上の四点を結びつけているものは「所有」である。

四　社会科学批判

〈対象としての社会〉批判

社会科学はなぜ批判されるのか。それに答えるには、社会科学（学問）とはなにか、という抽象論に対し、具体的に応えることをもって始めなければならない。社会に関する学問を何故するのかと問うならば、社会（歴史）を認識するためだとされるかもしれない。「学問する」ことは、対象である社会について認識することだ、と把握されるからである。ここでさらに問いかけを強めてみると、〈何故認識する必要があるのか？〉ということになる。この問いに対して真剣な返答を行なうならば、それは必ずや〈社会科学は認識一般である〉という規定の枠を突破していくことになる。

社会科学の対象は社会である。社会は、人間がつくりだしていく必然的な関係である。だが、〈社会は人間関係である〉と言い切るだけでは、まだ社会科学の必要性を説いたことにはならない。社会が人間―人間の関係であっても、ある人間が他の人間と自己とを区別＝差別する必要がなければ、また彼らの自己表現が同一のものとしてあらわれているのならば、そのような関係は個―個の関係であって、差別の物質的基盤をもたない。真の人間関係といえるだろう。そのかぎりにおいて、人間にとって社会はすこしも外的な強力とはならないし、疎遠なものとして意識されるようなことはない。そこでは人間は社会を自己と同一のものであると判断し、「社会」などということばも、自己と区別するものとしては存在しない。しかし、現実の歴史はそのような具合になってはいない。人間―人間の関係は労働、そして所有を基盤として区別＝差別されているのである。

人間―人間の関係は、私的所有を基盤にして隔離されている。人間―人間の関係は個々の人間総体がつくりあげているものであるが、しかし、個々の人間にはどうすることもできない、一つの「物在」となっている。「物在」となった社会は個々の人間にとって、当然疎遠なものである。関係であれば動きをもつが、物在となれば自身からは動かない。社会が物在となることで、それは、個々の人間があたかも自分自身の生産物を自分の意志どおりにしているつもりでいること自体を、規定している。人間の自己表現である対象化（生産活動）は、自己疎外として貫徹される。そのような人間は自己と対立しているのだが、現実社会では他の人間と対立しているのである。

物在としてあらわれる人間―人間の関係の現実の姿は「商品」である。商品は、生産物の使用価値から独立した形での交換価値を示し、それは、生産物が生産の過程で社会的関係に結びつけられるものであって、商品自体はけっきょく、人間―人間の関係を示している。商品生産は、それを生産する人間同士を対立させ、他人のための労働を強い、物質的生活の生産（自己疎外としての労働）を強いる。商品は、生産者の生産物からの疎外を示し、また、生産者の生産（活動）からの疎外を示している。彼は諸商品を生産するのみでなく、自身をも一つの商品として生産するのである。労働が人間を支配するということは、自己と他者との関係が同一性を獲得するものとしてあるのではなく、逆に、その隔離を強いるものとしてあるのである。

物在としての人間関係は、個々の人間にとって外的であり、疎遠である。それは彼にとって自己と同一のものとは感じられず、彼と区別されたもの（自己以外の、自己に対立するもの）に感じられる。物在としての人間関係（社会的関係）は、個々人の認識の対象となる。それは、人間が自然にはたらきかけると同時に、どうしてもはたらきかけねばならない対象となる。社会科学は、まずそのような物在としての社会を前提としているし、それが科学としてある根拠は、まさに社会を一つの物的な関係とみること、そして、その対象が自己運動として捉えられるところに存する。

人間は、社会科学によって、社会を動かす物的な強力の法則を発見した。社会科学の必要性は、しかし、発見された物的な強力をそのままにしておくことではなく、それをくつがえすことに及んでいるのである。それによって社会科学は、自己のすべての任務を果たしうるのである。だがそのことは、社会科学自身の存在価値をなくすことでもある。社会科学は、それを変革した新たな思想が要求するように、自らの限界（存在根拠の消滅）を規定することによって、はじめて〈現実批判〉の科学となるのである。

運動としての〈批判〉

社会科学が〈現実批判〉としてある以上、なんらかの運動（実践）を含めたものが社会科学（者）に要求される。その運動は、現実を認識することと結合して、対象（社会）にかかわりをもつことである。社会を対象としてそれにかかわるということは、いままでの展開からわかるように、〈対象としての社会〉批判であり、人間―人間の関係が主体―客体の関係となっていることへの批判である。批判は、現実に人間―人間の関係を規定してくる物質的諸関係の破壊以外に、一切ありえない。それはまた、物質的諸関係としての労働の廃止を実現する以外に、批判たりうることができない。それは、意識革命をもともなうところの、すべての「関係」を革命することである。

ここに至って、批判は運動としての批判、実践としての批判、総じて革命としての批判となり、社会科学はさらに、認識と価値観創造の合致したものとして、あるいは価値観形成の意味における認識として、捉えかえされるのである。社会科学はまったく認識の問題であり社会科学者は政治とは無関係に研究活動をするといったアカデミズムは、一切合切批判の対象となる。アカデミズムは、それ自身がブルジョア思想の一形態であって、戦後民主主義云々は、一切がブルジョア思想のヴァリエーションである。

社会科学批判は、そのようなブルジョア思想を内包するが故の批判としてあるのではない。〈対象としての社会〉批判の社会科学はブルジョア思想にかわる新たな思想、プロレタリア思想を内包するのだ、という理解では十分でない。それでは、たんに既成の社会科学（ブルジョア科学）に新たな社会科学（プロレタリア科学）を対置するだけでしかない。それは、互いに対等な位置でしかなく、〈対象としての社会〉批判の科学たりえない。そのような位置での批判は、社会科学を革命する批判ではない。アンチ・ブルジョア科学としてのプロレタリア科学といった位相は、革命としての批判たりえない。批判は、〈アンチ〉とか〈プロレタリア〉とかの冠をかぶせるだけでごまかしのきくようなものではない。批判はラディカルなもの、根底的なものであり、当然にもそれは革命でなければならない。〈アンチ〉とか〈プロレタリア〉とかによる批判は、社会科学そのものには向けられない。それは〈既成〉とか〈ブルジョア〉とかに向けられるのみである。

〈批判〉は社会科学そのものに向けられる。〈批判〉はたんに社会科学（学問）の構造の変革としてあるのではない。それは構造の破壊としてある。社会科学は、学問としてあるかぎり、思想を内包する。そしてまた、認識を含む以上、〈知識―技術〉と結びついている。ところで社会科学は、その対象（社会）が自己運動系としてあり、物在としてあるかぎり、必要なのであった。しかし社会革命は、人間にとって対象＝疎遠なものであった社会を破壊し消滅させる。それは、自己運動系としての社会から、また物在としての社会から、その物質的基盤を除去するのである。そのとき社会科学は、その認識対象を失うし、それよりか、人間が社会（自己以外の他者）にはたらきかける必要がなくなるのである。階級が消滅することは、その現実的なあらわれである。それでもなお社会に関しての認識が必要とされるのならば、それは、人間―人間の関係が主体―客体の関係、統治する者―統治される者、所有する者―所有しえない者の関係としてあるような社会ではなくて、個―個の関係、**統治なき関係としてイメージされるような社会についてであろう。それは個の連合として**イメージされるだけである。現在問題なのは現実なる人間、であって、未来については洞察、予測としてしか語れないし、それでよいのである。

社会科学が批判される過程はまた、社会科学が現実社会とその歴史を十分に分析しおえる過程でもある。そのかぎりにおいて、社会科学の構造は変革を遂げねばならないのである。旧来の支配思想を放逐し、新たな思想がそれにとって代わることによって、変革は貫徹される。新たな社会科学は、〈対象としての社会〉批判を当初から意識しつつ登場し、そのために、自己運動系としての社会、物在としての社会を明確に分析しなければならない。そして、その分析は同時に、自己運動する社会、物在社会を消滅させる助力となるのである。それを完結したあかつきには、社会科学はもはや自己の存在基盤を失い、自己の存在理由を失うことになる。

社会科学は一挙的に自己の基盤を消滅させえない。それは階級（私―私、主―客）が一挙に消滅したりせず、商品が一挙に消滅したりしないことに相応している。社会科学は、私（主）―私（客）の関係が存続している間はさらに科学として発展していく。階級や商品が存在する間は、社会は対象＝物在として生き残るし、人間―人間の関係は依然として主体―客体のままなのである。社会科学は、もっとも発展しきったとき、自己の存在基盤を失うに至る。社会科学は人間―人間の関係を捉え、社会を対象として規定していくとともに、個―個の関係への現状の止揚をめざす意味で、〈対象としての社会〉批判を志向する。

〈対象としての社会〉を批判していくことは、しかし、社会が（というよりも人間―人間の関係が）なくなることではないし、ある人間が他の人間と関係しなくなることではない。**そこでは連合した人間諸個人の同一性をイメージすべきであろう。**ここで最後まで問題とするのは社会の物在性であり、自己運動であり、主体―客体の関係である。現実批判としての運動は、現実的物質的諸関係の廃絶と終極的な消滅を実践する。その過程で社会科学は人間解放の思想を内包していき、いままでになく客観性を主張しうる科学として発展していく。階級、商品――総じて疎外――の完全な消滅と同時に、社会自身の自己運動はとまり、社会科学はその生命を失うのである。**この時点から、まさにこの画期を以て、人間の真の活動、何ものにも束縛されない活動が開始する。屈折なき、歪みなきダイレクトな対立と和解、分裂と連合の交互運動が始まる。**

〔★立正大学新聞会〔深田卓編集〕『立正大学学生新聞』第二二九号～二三一号、一九七〇年一二月～七一年二月。再録に当たり、多少字句の訂正や注記的補足をした。ただし、ごくわずかながら内容に立ち入って補筆してある。それについてはゴシック体で表記した。〕

第三章　学問するノンセクト・ラディカルズ

一　ドラマの第一幕　―一九六八年―

ドラマの第一幕は、一九六八年長野市で開始しました。昨年（一九九八年）に訪れたときにはもう見当りませんでしたが、かつて善光寺下の門前町に岩波書店やみすず書房、未来社、白水社など社会科学系出版社の図書をたくさんおいている小さな書店、若菜書房がありました。当時私は同市で、大学浪人に託けてはいろんなジャンルの文庫や新書を読み漁る生活をおくっていました。受験勉強は手につきませんでした。

若菜書房で見つけた本の一つに、梅本克己著『唯物史観と現代』（岩波新書）がありました。また、ルカーチの『歴史と階級意識』（未来社）『理性の破壊』『小説の理論』（白水社）がありました。長野駅前の長谷川書店では新潮社のサルトルやカミュを買い求めました。ヤスパースやハイデッガーにも関心を抱き始めました。ヘルマン・ヘッセの『デミアン』、ロマン・ロランの『ジャン・クリストフ』など思想的に深みのある小説にも夢中になりました。これら数点は一八歳から一九歳にむかう過渡期の私に重大な影響を与えたのです。また一九六八年、長野市では信州大学の学生たちが中心になって三里塚・成田闘争のドキュメント映画を上映していましたし、八月下旬にはワルシャワ条約軍がプラハに侵攻してチェコ事件が発生したとのニュースに接しました。そのようにして一九六八年の長野市は、私が東京へ出て大学で学問することの意味を問うのにまたとない雰囲気を醸し出していたのです。

二　ドラマの第二幕　―一九六九年―

ドラマの第二幕は東京に移ります。一九六九年四月、立正大学（熊谷キャンパス）の入学式で赤ヘル・青ヘル・白ヘル・銀ヘルなど諸セクトによる学生デモの洗礼を受けました。おおいに感動しましたが、私の場合、その思いは学問と結びついてはじめて思想化するのでした。ヘーゲル観念論かマルクス唯物論か、実存主義者サルトルの〈投企する意志〉か共産主義者マルクスの〈変革する実践〉か、その問いかけが私を大学闘争に駆り立てていくのでした。

また、大学入学後落ち着く間もなく神田神保町の古書街にでかけ、とにかく主だった雑誌を買い求めました。その筆頭が『情況』だったのです。そのほか『現代の眼』『構造』『現代の理論』『思想』など、これはと思うものは手当たり次第に毎月のように読み継ぎました。『情況』六九年五月号「反大学の理念」、六月号「都市暴動――大学占拠と反戦」、七月号「大学を告発する」など、親からの仕送りを拒否して自活を始めたばかりの貧乏学生だった私ですが、この雑誌は神保町交差点近くのウニタ書舗で毎号のように購入しました。それらは今もすべて所持しております。学問的な価値は現在も、いや現在であればこそ少しも減じていませんね。

長野で梅本著作やルカーチ著作ほかに親しんでいた私が東京へ出てきて上記の雑誌で新たに読み知った著者は、第一に廣松渉です。『情況』では「マルクス主義における人間・社会・国家」「マルクス主義革命論の原像」「マルクス主義弁証法の理路」など、『現代の眼』では「新左翼思想と主体性」「フランス社会主義と初期マルクス」、『構造』では「ヘーゲルの社会思想と初期マルクス」などを、発売と同時に購入して読破しました。彼に初めて会うのはずっと後の一九八四年になってからですが、二〇歳の私は彼の学的営為にすぐさま引込まれました。

立正大学にはマルクス主義戦線（マル戦派）の残党ほか様々なセクトの活動家がいまして、意識のありそうな学生に近寄ってはオルグにかかるのですが、すくなくとも私を満足させはしませんでした。一九六八年一月に東大安田講堂に立てこもった活動家もいたのですが、議論は政治に傾いてしまうのです。大学には浅田光輝、岩田弘、岩淵慶一、清水多吉、中村禎里ら左翼教師たちがいましたが、当局から学生部長なんかをやらされてまいっていました。

私は政治闘争をしに大学へやってきたのでなく、学問しにやってきたのです。浪人時代に最もやりたいと思っていたのは明治維新史、ロシア革命史、インド古代哲学思想、そして実存主義哲学でしたが、大学にきてからは唯物史観、ヨーロッパ労働運動史（ヴァイトリングと義人同盟）の研究にのめり込んでいきます。私にとって大学闘争は、あくまでも学問研究の自立空間を求めるがゆえの、生活上の営為だったのです。

サークルとしてはすぐさま部落問題研究会に加入しましたが、そこでの活動もけっして政治をやる手段とは位置づけませんでした。何よりもまず学問を闘争＝生活の基盤とする先達、廣松渉の影響を多大に受けて、私もまた〈学問するノンセクト・ラディカルズ〉の一人となったのでした。

学問あっての闘争という視座から、立正大学ではまず岩淵慶一の初期マルクス哲学講義に出席しました。疎外論の講義でした。これは〈学問上の研究〉＝〈生活上の闘争〉にすこぶる役立ったものです。岩淵が廣松の論敵であることはのちに判りましたが、私の研究生活にとって、そうした論争に接することはプラスでこそあれマイナスではありませんでした。岩淵の説く疎外論には今日なお学ぶ日々が続いています。

キャンパスでは哲学科、史学科、社会学科等でセクト、ノンセクトあい入り乱れつつ哲闘委・史闘委・社闘委などの闘争委員会が結成されました。学内では学費値上げ反対闘争、自治会闘争などで直接行動に出ました。四・二八沖縄デー、六・一五反安保、一〇・二一国際反戦デー等の街頭カンパニア、それから全国全共闘結成大会などに際して、それらは相対的に独自に行動し、各個の判断で闘争に参加していったのでした。その際私は、政治主義でなく学問論でもって、そのような日常的政治活動の意味づけと検証とを行なったのでした。

三　ドラマの第三幕　―一九七〇年―

ドラマは述懐の第三幕に移ります。私は、一九六九年・七〇年当時、廣松渉のどこに魅力を感じたでしょうか。関係論を説く哲学者としての彼にです。七〇年一二月から翌年二月にかけて、二〇歳になったばかりの私は自らも関係論の視座に拠って、学問における自立空間の構築をめざすべく『立正大学学生新聞』に論説「学問論の構築へ向けて」を連載しました。目次はこうです。Ⅰ学問について、Ⅱ思想について、Ⅲ労働について、Ⅳ社会科学批判。この論説を編集・掲載した新聞会の主幹（のちの『インパクション』編集長）は、こんな見出しを付けました。「関係としての思想」「学問論――認識論と運動論の止揚」（第二三〇号）。また、冒頭にこんなリードをつけました。

「六九年秋からの全共闘運動の敗北の過程で、さまざまな位相からその総括作業がなされ、その地平から七〇年代を射程に入れた広範な運動を継承してゆかなければならないという確認の下にいるということを一点踏まえておきたい。社会関係の中では、時間的、空間的な限定下にいる学生という階層の運動を普遍的に捉える場合、単にすべてを政治に一面化してひた走る者たちの言語だけでなく、さまざまな運動領域から発せられる言語の中からもラディカル性を抽象化していく過程で普遍性を帯びた問題として対象化してゆく作業をくりかえさなければならないだろう。全共闘運動の過程で旧来の価値観に基づいた学問体系を根本的に否定してきたわれわれが、再度、学問とは何かと自分の存在基盤から問いつめることは当然帰結すべき問題であろうし、この上条氏の学問論への試論も認識論と運動論の亀裂をどう克服するかという点に迫っており、その意味では大変興味深いものであろうと考える。編集部」（第二三〇号）。

私が知るかぎり、一九六〇年代末・七〇年代初にかけて学問・研究の閉塞情況を打開するのに反大学の学問論を自覚的に構築した人物の筆頭は、ヘーゲル研究者の長谷川宏であります。私は別個に立ってこれを敢行したのですが、長谷川は彼で独自にこれを地道に文章化していたのです。手書きのパンフレット「学問批判」がそれです。その存在を、私はのちの一九七六年一二月になってから知りました。

彼は、一九七〇年代に至って全共闘運動が分裂し、一部の諸派が政治主義から唯銃主義へと退潮傾向を強めていく木枯らしの季節にあって、突風に吹き飛ばされたり足元をすくわれたりしませんでした。職業学者への堕落も阻止しえました。長谷川は、短絡的に政治をすべての領域に優先させるのでなく、知的情熱を貨幣価値に換算する輩を相手にせず、文化の領域に己れの存在基盤を見いだしそこに立って全世界を眺めやることのできた数少ない思想家の一人でした。それは今、彼のヘーゲル翻訳群刊行に如実に示されております。なお、長谷川の翻訳には誤訳や誤解が多くある、との批判が散見されますが、そのことは措きます。

廣松は、長谷川や私のように取り立てて学問論をまとまったかたちで執筆したわけではないのですが、学問を離れたところでの議論はしない哲学者でした。彼のマルクス研究はあきらかに知識人のそれではなく、生活者のそれでした。〈職業＝ためにする学問〉でなく、〈生活＝日常としての学問〉なのです。同じことは、〈学問領域＝自立の現場〉に固執した長谷川や私に言えます。少なくとも私は、一九六九年に〈生活としての学問〉を営み始めたのです。生活＝生存ですから、止むことはありません。学問の目標は生活の目標と一致しているのです。そしてこの構えこそ、六〇年代末・七〇年代初に出現した〈学問するノンセクト・ラディカルズ〉の真骨頂なのでした。

四　ドラマの第四幕　—一九九六年—

ドラマは一挙に第四幕、四半世紀後に移ります。一九九六年秋、私は『映画「いちご白書」みたいな二〇歳の自己革命』を社会評論社から出版しました。「上条三郎」名によるこの著作は、一八歳の長野時代に始まった〈青年＝ノンセクト・ラディカルズ〉になりゆく自己革命の記録です。最近の書き下ろしでなく、一八〜二〇歳当時に記した備忘録＝日記からの抄録と、十九〜二二歳頃に学生新聞・機関誌・パンフレット等に発表した論説群の再録なのです。私にすれば、けっして改変してはならない証言＝ドキュメントなのです。以下におおまかな目次を記しましょう。序　自己革命、Ⅰ大学闘争、Ⅱ大学サークル、Ⅲ学問論、Ⅳ研究活動。そのうち「自己革命」には上記のドラマ第一場が、「Ⅰ大学闘争、Ⅱ大学サークル」には第二場が、「Ⅲ学問論」には第三場がドキュメントで収められ、そして最後の「Ⅳ研究活動」

の章には、「疎外論から唯物論批判へ」とか「明治維新と農業」といった学問研究が再録されております。私は反大学の大衆団交、反安保の街頭デモから借家アパートに戻れば学問論の構築、哲学思想や社会運動史の研究を日課のように遂行していました。当時の活動仲間にして共同生活者の南城四郎君は、今は本郷で印刷関連の会社を経営し、社会評論社、インパクト出版会ほかの図書・雑誌を制作する日々を送っています。（『倭国の都は火の国・熊本―史書と遺跡が証明する』現代書館、二〇一五年の著者、小山顕治のこと）

ところで、昨年（一九九六年）著作『映画「いちご白書」みたいな二〇歳の自己革命』（これも南城君の仕事）を出版して直後、いまの大学生の読者たちから、このドキュメントに対し以下のような批評を受けました。ともに明治大学の学生です。

第一例「この本を読んでから、考えた。まず前半部、大学生としての上条氏は二年前の私と同じく、アイデンティティの確立のために『しばるもの』に反抗しているのではないか、ということである。……氏の場合敵――『しばるもの』と言うより『支配するもの』といった方が適当だろうか――は日本という国家ないしその運営システムであり、さらにはその支配に甘んじているとする大学である。それらに抗するに、いや抗するではなまぬるい、それらをブッ壊すべく氏はマルクス思想をみずからの血肉とし、その論理をもって権力の打倒と真の自由の確立を謳い、激越なアジを飛ばし、武装闘争も辞せず、というラディカルぶりである。『資本論』を一〇ページで投げた私から見ればまことにすさまじい、というしかない。／だが冷め切った目を持つ今の私は、氏に対する共感よりも苦笑をもってむかえざるを得ない。氏も二年前の私と同じく相手の像を勝手に膨らませて戦慄しており、しかも氏の場合その膨らませ方が甚だしい。自民党ブルジョワ政府、などと現実を術語に当てはめて牽強付会しているあたり、イデオロギーによる硬直したものの見方のばかばかしさを思わずにいられない」。

第二例「ぼくは、じぶんの考えをすっきりまとめることがにがてだ。それを言葉にするとなるとさらにむつかしい。うまれつき、頭の中にノイズやリダンダンシーが多すぎるようだ。ふつうの健康な人たちはスイッチをいれると、ストレートに、単純に回路のつながる頭をしているようで、じつにむだがなく、機能的である。この上条氏もじつに健康な、単純な回路のもちぬしのようである。ぼくとだいたいおなじ歳のようだが、頭の中はおおちがいだ。……ストレートで単純な志向のもつ危険性。ぼくは、上条氏や左翼・マルキシズムの思想をひなんしているのではない。ただ、彼の備忘録、彼らのシュプレヒコールなどに、あるしゅのマッチョイズムを感じてしまう。ぼくの志向や、感情、じぶんじしん、これらはけっしてスマートにまとめ方向づけられるものではない。『ぼく』はまるでベケットやゴングローヴィチの小説の主人公たちのように、たえず分裂し、統一されない。しかし、ものごとは統一され、形にされねばならないのか。そこからつねにはみだしてくるものがあるだろう。けれど、ヘーゲル的な統一への意志の前にはみだしたものは殺されていく。ぼくのような、卑小で軟弱な人間は、上条氏のようなひとにかんたんに批判され、説伏されてしまうだろう。だけどあいにくぼくは、彼らがなにか断言するたびに殺される、はみだしもののほうにこそ、興味があるのだ」（上条三郎「君の現代史はいつ始まったか」、社会評論社刊『社会思想史の窓』第一一八号、一九九七年、一六六頁以下）。

勝手に肥大化させた虚像のブルジョワジーに立ち向かおうと己が武者ぶるいに慄くドンキホーテ上条。革命の大義は普遍であり実践の正義は己れに味方している、と豪語するマッチョマン三郎。ワ・カ・ラ・ナ・イ…の前にしばし佇むことのできない、若きノンセクト・ラディカルズ上条三郎。はみだしものとの邂逅に無理解だった全共闘のカミサブ！　四半世紀のちに二〇歳になった今の若者に、私は改めて、みずからの体内に刻印された全共闘運動の負の側面を指摘されました。

あのセクト主義、ゲバルト主義、それはたしかに私自身が最も嫌ったものでした。ノンセクト主義を表現するものとして、私の信条であり続けました。けれどもその発想自体が、他者にはうさんくさい。ノンセクトたりとも他者＝批判者には一つのセクトに映るのでした。革命の正義と大義の押し売り、この言葉のゲバルトを、私もまた周囲の他者＝批判者に容赦なく浴びせたのでした。廣松哲学と対峙しつつ自己革命を突き進んできた〈学問するノンセクト・ラディカルズ〉とは自分自身のうちに納得している内的確信にすぎません。その姿に対しては、ただ自ら人知れず微笑んでいるだけです。大学解体や沖縄街頭カンパニア運動等の諸局面においては、ノンセクトもセクトも、全共闘外の世間一般ではおしなべてみな、反権力とか宣って社会に背を向けている政治的跳ね上がり分子に映っていたのでした。その見方には、まったく根拠がなかったわけではないのです。

五　ドラマの第五幕　―生活の場としての学問領域―

ドラマの第五幕、それは今後に実現してみたい、全共闘世代の私が四半世紀後の私なりに構想する続編ドラマの脚本です。ただし今後の社会変革のヴィジョンに関しては、おおまかな方向づけにすぎませんが私案として論説「〈権利としての自由・義務としての兵役〉を超えて」（『月刊フォーラム』一九九七年一月号）や「［自治連邦制］国家論のヴィヴィッドなプレゼンテーション」（『グローカル』第五一八号、一九九八年二月二三日付）などで多少は意見陳述をしてきました。詳しくはそれなど読んでほしいのです。

ただ、私は基本的には、反国家という意味での政治の時代は終焉した――終焉に向かっている――と思っています。

機動隊を前にして国家と闘った全共闘は、実は自己の現存在と闘ってもいたのでした。その際、国家に敗北したとはいえ、だからといって自己にも敗北していいものでしょうか。当時流行った「自己否定」という言葉は敗北を意味するものではありません。その逆でしょう。私は、この言葉はある意味で現在に復権させるべきと考えます。

ところで、「自己否定」と反対の言葉「自己実現」は、当時の全共闘活動家たちには似合いません。その言葉は、七〇年代後半からしばらく右かた上がりの続いたハイテク日本で経済発展の原動力となった元全共闘ないし同時代人マッチョマンの掲げた標語です。のちに政財官学界などで首尾よく出世した者たちは、全共闘時代に運動を喰い物にし、あるいは自己保身をかこいつつノウハウだけはチャッカリ失敬した風見鶏優等生たちなのです。なるほど、彼らには「自己実現」はお似合いでしょう。

けれども、六八年~七〇年に名もなき大衆の一員であった無数の活動家たちは、状況におしながされまいとして、自己をまずは否定していくのでした。けれど、否定したあとに何事かを築きあげることができず、ある人は政治に疲れてやむなく、ある人は意識的に政治から離れようと、さまざまな社会的諸領域に活動=生活の場をうつしたのでした。その一人が私です。ただし当初から〈学問するノンセクト・ラディカルズ〉であった私は、生活の場としての学問領域からは一度も離れたことはありません。ここでは記すことができませんが、未来のドラマはその場から語られ始めるのです。

＊

廣松とは、一九八六年頃に関係論をめぐる学問上の論議でもって袂を別ちました。けれどその後も学問上のことで年に一回くらい席を同じくしました。そのたびによく口論になりましたが……。そして、一九九三年一一月に会って激しく口論したのち、翌年春に彼は亡くなりました。それでもなお依然として、〈生活＝日常としての学問〉を生業とする彼のライフ・スタイルは、今も私のそれの模範であり続けると言って差し支えないでしょう。そのスタイルを私なりの言葉で表現すると、それは今なお〈学問するノンセクト・ラディカルズ〉ということになるのです。

全共闘運動が開始した自己否定＝社会変革の大衆運動は国家＝政治の枠を超えて、トランス・ナショナルな二一世紀に継承されることでしょう。私は学問の領域からその運動に参加しようと思います。

〔★学問するノンセクト・ラディカルズ（上条三郎名）、『情況』一九九九年四月号。〕

第四章

戦争と学問

――満鉄時代における政治的葛藤と文化的葛藤の差異――

一　問題設定

科学技術は戦争を介してよく革新される。例えば、第一次世界大戦は史上初の総力戦であったが、このとき以来、とりわけ科学技術の開発が戦争の勝敗にとって重要な鍵となってきた。その昔日本でも、織田信長が新兵器の火縄銃〈種子島〉を用いて敵の武田勢を三河国長篠に破った例がある。このときの鉄砲導入は未だ武器として新技術を採用しただけであり、その技術が日常生活に直結することはなかった。しかし二〇世紀になると、日常生活にかかわる科学技術の多くがまずは戦争を通じて開発され戦争においてこそ最も革新される、という事態を迎える。無線通信機や自動車、飛行機は、平和利用の前に軍事的に開発・改良され、スエズ運河やパナマ運河などの土木工事もまずは軍用として威力を発揮した。二〇世紀後半における核技術やインターネット・システムの開発もまたしかりである。

自然科学のみではない。人文社会系の諸科学もまた、その多くが侵略や戦争を準備しそれに貢献することで進展してきた。例えば、一九世紀から二〇世紀にかけて行なわれたイギリスの考古学者スタイン、フランスの中国研究者ペリオ、ドイツの地理学者リヒトホーフェン、スウェーデンの地理学者ヘディンらのアジア調査研究は、その成果の多くが帝国主義列強の植民地争奪戦や植民地支配に利用された。

それからまた、侵略や戦争に際しては、侵略者によってよく文化財・文化遺産が略奪される。古くは十字軍遠征における文化財略奪もあるが、近代においてはナポレオン遠征における略奪、二〇世紀ではナチスによる略奪が知られる。また、イギリスの大英博物館、フランスのルーブル美術館、アメリカのニューヨーク市立博物館などは略奪品の宝庫とさえ形容できる。侵略諸国の研究者たちは、そうした略奪品を資料に活用して、あるいは自ら侵略地に入り込んで獲得した資料でもって、新学説を更新していった。(1)

本章では、そのような問題、いわば戦争と学問研究（科学技術）、民族支配政策と学術調査のあいだの軋んだ関係を検討する。その際、検討の対象としては帝国主義時代の日本を例にとる。具体的には次のようなはこびとなる。

殺戮戦争と異民族支配で象徴される二〇世紀前半、日本政府は東アジア・東南アジア・太平洋海域を侵略するに際して、帝国主義的な国策を遂行するべく一九〇六年に勅令で南満州鉄道株式会社（以下「満鉄」と略記）を大連に創立し、その後満鉄本社内に調査部を、東京支社内に東亜経済調査局を設立した。(2)一九三〇年代後半から四五年にかけてその満鉄に所属して学問研究に従事した知識人二名――のちに哲学者として活躍する大井正、および同じくのちに民族学者として活躍する布村一夫、ともに一九一二年生まれ――の活動を分析する。その際、両人とも検討の期間を第二次世界大戦後の没年にまで延長し、満鉄時代の一時期を、生涯にわたる研究生活、実存の中に位置づけて考察してみたい。要点は、帝国主義的な国策から所属員に要求される研究課題・研究目的と、研究者個人の学術的関心から生まれる研究課題・研究目的の相互関係を、上記の二名を事例にして考察することである。(3)

二　大井正のインドネシア研究

満鉄時代の若き大井正

東京大学文学部哲学科在学中からヘーゲル哲学を研究していた山形県出身の大井正は、同時並行して唯物論思想に傾倒していく。一九三八（昭和一三）年三月卒業後、同年五月、外務省南洋局に就職しインドネシア民族調査などを担当するが、一九四〇（昭和一五）年春、コミュニスト・グループ事件で検挙され、(4)一ヶ月拘留される。その翌年三月、外務省南洋局を退職し、翌四月、こんどは南満州鉄道株式会社東亜経済調査局に勤務することとなった。

満鉄は、設立当初、満州を中心とする中国一帯の調査を行うのが大連本部（調査部）の目的であったが、やがて東京支社の東亜経済調査局を中心に、北はソ連から南は東南アジア全域を調査対象とするようになっていった。また調査内容は、対象地域の地理、資源関連はむろんのこと、さらには各国各地域の政治経済・軍事防衛力から、文物制度・宗教・思想状況に至るまで、多岐にわたるようになっていった。(5)そのような部署である調査局において、大井はインドネシア地域に関する民族学・民俗学研究に従事し、その成果を同局発行の『新亞細亞』（一九三九年創刊）に公表していった。その一つに、第六巻第七号（一九四四年七月）に載せた「農耕儀礼と民族政策」がある。

この論文執筆の意図は、論題にそれとなく示唆されている。もともと東大で哲学を専攻していた大井は、卒業後しだいに東南アジアの農耕儀礼に関心をむけていく。しかし、満鉄東亜経済調査局の本来の任務は東南アジアの民族支配・植民地経営の政策立案にあった。その点を意識していた大井は、本論文の序において、農耕儀礼の研究と民族政策の関係を次のように整理してみせる。

「農耕儀礼をこのように民族の全文化や全生活と連関させて理解できたとすれば、われわれは東南アジヤの顕著な文化現象たる農耕儀礼に対し実際上いかに対処すべきか、またこの地域の住民の民衆文化や民族生活の全体にこの顕著な文化現象を通じていかなる働きを及ぼすことができるかを決定しえよう。それはただちに民族政策の樹立に役立つことが少なくない。農耕儀礼が東南アジヤの文化領域の広大な部分を領有し、民族生活に顕著な機能を果すとすればそれだけますます民族政策においては重要視すべき文化現象となるのである。しかし私はこの小論では農耕儀礼の文化比重を確定し、それと民族の全文化、全生活との諸々の連関を周到に検討することはできない。私のここでなしうる事柄は農耕儀礼が民族の社会結合や社会倫理にいかなる意味をもっているか、また民族生活の進行にいかなる効用をもたらしているかを考察するにすぎない。しかし単にこれらの事項が明らかにされただけでも民族政策の確立には寄与するところがあるにちがいない(6)」。

そのように前置きした上で、大井は次のような構成を立てて資料紹介と実証的考察とを行なっている。「技術儀礼と社会儀礼」、「農耕儀礼の社会機能」。また、後者においてはさらに次の小見出しが配置されている。「農耕生活のリズム」、「リクリエーション」、「社交・交歓」、「社会結合」、「社会関係」、「社会倫理」。このように論を進めたあと、大井は「結び」において、再度本論文における農耕儀礼と民族政策の関係を次のように記している。「ここまでくると農耕儀礼にたいする民族政策上の着眼点がかなりはっきりしてくる。しかし政策という以上、それは政策運営者の主体的なしかも具体的な条件によって決定されねばならぬ事項が叢出してくるため、いま私が個人的な空想的な農耕儀礼に関する民族政策を樹立したところでその効果ははなはだ疑問である。それでここでは客観的事情の紹介と分析とに筆を留めねばならず、しかもそれのみで重要な役割である(7)」。

大井は、満鉄調査局に勤務する者という立場を考慮するならば、一哲学徒の知的探究心から発する執筆目的を前面にだすことがはばかられるので、その点を適当にはぐらかしている。要するに、民族政策には、学問的にさしたる関心はないのだが、その看板を立てさえするならば農耕儀礼という民俗調査研究が容易になるのであった。

ところで、この七月号には大アジア主義者大川周明（一八八六〜一九五七年）の「米国の物量に対する迷信」と題する巻頭言が掲載されており、冒頭に次の文章が読まれる。「戦局は極度に重大化しつつある。敵機の本土空襲は、独り九州のみならず、他の地域に対しても必至となり、日本は正に興廃の秋に当面している。挙国奮興して必勝の信念を彌《いや》が上に旺《さか》んならしめ、米国の野望を撃砕する覚悟を堅くせねばならぬ。（中略）日本国民は、米国の物量に対する迷信を棄て、最後まで忍耐者は勝つと信じて、軒昂として闘うべきである」[8]。

また、この号の裏表紙に印刷された日本評論社の新刊広告には大川の著作『新亞細亞小論』が記されており、次のように内容紹介されている。「『新亞細亞』連載の巻頭言を纂めたもので大東亞戦争を槓杆とする亞細亞の動向を時々刻々の推移の中に浮彫すると同時に著者独自の批判的立場よりそれに対する指導理念を究明せんとする」[9]。

一九一八年満鉄に入社した大川は、翌年北一輝らと猶存社を組織し国家主義運動を指導した。その後いっそう声高に日本によるアジア解放を唱えるようになった大川は、一九四四年当時満鉄の内外に多大な影響力を誇示していた[10]。その大川の巻頭言に続いて、大井の「農耕儀礼と民族政策」は巻頭論文として掲載されたのである。約三五年後の一九七八年、大井は満鉄時代の研究活動を回顧して次のように述懐している。

「こういう調査の仕事は、需要の側面からいうといわば時局向きなのだから、モティフは政策的な色彩が強くなるのは争われない。しかし、わたしは、大学で専攻した科目の関係上、また、将来はやはり専門の哲学研究者としての経歴を辿ろうという執念だから、インドネシア人の心性の調査・研究という課題を選んだ」。「しかし、わたしは、いつかは哲学研究者として自立できる日もあろうかと期待し、そのときの履歴上の『瑕《きず》』にならないように用心して、はじめのうちは『高村東介』というペンネームで翻訳をやったり書いたりしていた。ところが、こうしているうちにわたしは、哲学研究から離れ、哲学研究を忘れてきた」。「こうして、インドネシア民族宗教学に頭を突込んでいき、いつの間にかこの方面でエキスパート扱いにされていた。もちろんこれには後悔がない」。「この領域は、哲学とは違って、むしろ天下国家つまり『時局』を論ずることができるだけ少なくて済む場所のように思えた(11)」。

大井は、上記の論稿「農耕儀礼と民族政策」を発表する以前の一九四四年一月に、長編の論文「東印度の農耕儀礼」を脱稿していた。その手稿は「満鉄東亞経済調査局原稿用紙」と欄外に印刷された二〇〇字詰原稿用紙四二一枚に綴られており、最終頁には「一九・一・二九」と、成稿期日がはっきりと記されている。筆者はその原稿を、著者大井の遺志にしたがって『フォークロアとエスノロジー――インドネシアの農耕儀礼』と題して一九九一年七月に刊行した。

ところで、同論稿の「序言」には、執筆の意義として次のことが綴られている。当該の研究テーマに関してはすでに宇野圓空著『マライシアに於ける稲米儀礼』という名著があるが、それには「稲米儀礼の資料的取扱いにおいて、一種族あるいは一民族の稲米儀礼が系統的に逐次的に叙述されたものが一事例さえもなく、そのため稲米儀礼の具象的な把握に困難を感ぜぬでもない(12)」。その点大井は、一九二〇～三〇年代に出版されたオランダ人民族学者（ウンスドレヒトやクロイト）の文献に依拠することによって、上記宇野著作の短を補い、「インドネシアの農耕儀礼の主要線を辿ることができると信ずるのである[13]」。つまり、この論稿の叙述目的はインドネシアの農耕儀礼に関し、特定地域の事実を系統だてて明らかにすることなのである。それ以外のことがらは二次的な扱いをうける。ねらいは「あくまで資料的価値にのみ止まり、理論的な考察は」その目的から「できるだけ除外した」のである。

同時代人・中村孝志の追想的証言

次に、満鉄時代に大井と行動をともにしたことのある中村孝志による追想的証言をもとに、満鉄時代の大井を検討する。中村は、一九四二年頃満鉄に入社し、東亜経済調査局勤務となった。彼は、満鉄を舞台にしたいわゆる「ゾルゲ事件[14]」が発覚した直後に勤務し始めたので、極秘資料を自由にできる余裕は減じていた。その中村は、満鉄時代に中村の知り得た情報には限りがあるので、このたびは「私説」として当時を回想してみたいという前置きで、一九八六年、「私説『満鉄東亜経済局』」という回想録を、勤め先の天理大学・天理南方文化研究会篇『南方文化』第一三輯に発表した。その中に大井に関連する記述がある。

満鉄内で東亜経済調査局にかけられた期待は、「日華事変完遂のための総戦力動員との関連における南方調査の遂行にあった[15]」。中村は局に設置された下部組織のうち、南洋班に所属した。南洋班はそれでまた蘭印、フィリピン、マライ、仏印、タイ、ビルマに細分されたが、中村は蘭印に配属されていた。そこへ、一九三八年五月から四一年三月まで外務省南洋局に勤務していた大井がやってきた。大井は、しばらくは高村東介という筆名だったが、同年四月から一九四五年一二月まで、この東亜経済調査局に勤務することになる。この時期に南洋班では、「南方諸地域における土着民経済及び社会に関する研究」

という総合テーマを立て、中村は「近代ジャワ社会経済史——土地問題、貢税制を中心に」を、大井は「民族宗教的観念」をそれぞれ個別テーマに設定している。[16] また、占領地行政の観点から提案された『インドネシア慣習法用語事典』の翻訳が平野義太郎の仲介で持ち込まれると、大井と中村はその主要担当者になった。この仕事は最後は「殆ど大井一人の手で原稿整理をせねばならぬ有様で、結局敗戦迄に訳文修整の仕事は完了せずに終ってしまった[17]」。

一九四一年一二月の日米開戦以後、「南方資源開発問題」の解決をめぐる諸要請に応えねばならず、また、一九四四年には中村・大井らに「インドネシア統治要綱」の作成が課せられた。中村によると、「ただ両人ともオランダ語が読めるということだけで、適当な調査員が欠如しているまま要綱作成を命ぜられた次第である。慌てて財政学の参考書を読み基礎的な知識を身につけようとしたものの、泥縄のようなことでさっぱり何も判らない。（中略）参謀本部の将校数十人の前で発表させられた時は、正に冷汗三斗のおもいであった。それにしてもこんなことで日本は勝てるのかと本気で考えた[18]」。

一九四五年春、崩壊状態にあった満鉄では、「調査員は各自都合のよい地方を選び調査報告の後は敢えて調査局に出局に及ばず」となり、中村は「東北の岩手、盛岡、青森を選び、大井正は山形、秋田をとった。彼はこの頃、北満経調転出を希望し認められたものの、渡航の船便がないので調査後は郷里の山形で待機すると云って去っていった[19]」。

中村による以上の追想的証言を読むと、大井は、侵略のお先棒を担ぐ職場でありつつ左翼も右翼も混在する知識人激突の現場、あるいは「満鉄マルクス主義」[20]の戦場をしたたかに生き抜くことを最優先しつつ、出来ればのちの時代にかなえたい学問研究の萌芽を育てておきたいと願い、「民族宗教的観念」を調査局南洋班でのテーマに選んだ、と読みとることが可能である。

三　布村一夫のシベリア研究

満鉄時代の若き布村一夫

布村一夫は、一九一八年頃、小学一年のとき、出生地富山市から満州に渡る。本人の回想によると「これもはなやかな大正デモクラシーのうらにある不景気による失業のため[21]」であった。父が満鉄経営の撫順炭鉱で鉄道関係に勤めることとなり、撫順で育つ。撫順中学二年の頃、近所の住人からロシア語はおもしろいよとすすめられる。また、中学の同級生が東京外国語学校ロシア語科に入学したのに刺激され、さらには満鉄が中国語とロシア語の学習を奨励していたこともあって、学生だった一九歳の頃、ロシア語の勉強を始めることになる。そして一九三七年、二五歳のとき、当時東京外国語学校卒業と同資格だったロシア語一等試験に合格した。その翌年、ハルピン工業大学助教授兼付属図書館主事に就任し、さらに翌一九三九年、布村は満鉄調査部に就職する。第三調査室（旧北方班）調査員となって、関東軍や外務省と連動した調査の仕事をしたようである。ただし、具体的には「電気事業をしらべよとのことで、あちらのいくつかの新聞を読むのです。それを一年に三〇枚ほどの報告書にまとめれば、それでおわり。まったく面白くもない仕事でした[22]」。そのほか布村は、外務省の図書館が焼失した際、ハルピンでロシア語文献購入の仕事を手伝っている。当時ハルピンには、日本のナウカ書店の支店があったほか、亡命ロシア人が経営する古書店がたくさんあって、ロシア本国からも本が流れてきていたそうである。

ところで、満鉄調査部における仕事がロシア語文献の調査研究であったことから、ことの成り行き上で当然にも、布村は社会主義国家ソ連で刊行されるマルクス主義関連の文献に接することになった。また、植民地支配の観点から出てくる調査対象の一つには満州の少数民族があった。この二つの要因が布村を、ロシア語訳マルクス著作と民族学関連文献の読書へと突き動かすのである。その仕事は、満鉄調査部から満鉄大連図書館に転勤となってのちにも継続する。こちらではそのほかロシア人の中国研究（ロシア支那学）の文献収集にあたった関係もあって、満州史にも注目したようである。

その間に布村は、一九四〇年頃までにアメリカの人類学者モーガンの主著『古代社会』を荒畑寒村訳で読み、エンゲルス『家族・私有財産・国家の起原』を田中九一訳で読んでいる。一方での翻訳図書の読書と並行して他方で布村はロシア語の文献を読みあさるのであった。その筆頭は、満鉄調査部で発見したロシア語訳版マルクス『資本制的生産に先行する諸形態（フォルメン）』であった。「『フォルメン』は調査部資料室にありました。きわめてうすいパンフレットですが、たまたま読むことができたのです。これを手で写しましたが、いまも手もとにあります[23]」。

布村は、さらにロシア語でコウァレフスキー『家族と財産の起原と発展の概要』を読む。これは大連図書館でのことだったが、布村はまさに満鉄調査部および大連図書館に勤務するという利点を生かして共同体と家族の歴史に関する知見を広め深めていくのであった。その頃には柳田国男の弟子筋にあたる大間知篤三が満州で少数民族の調査を行ない、外務省の蒙古調査というかたちで石田英一郎が民族学調査を行なったりしていた。

そうした環境にあって布村は、一九三九年二月満鉄奉天図書館発行『収書月報』第三七号に最初の論説「四庫全書と露西亞」を載せる。その後四三年までに、主としてこの月報と満州読書同好会発行『満州読書新報』、それに満鉄大連図書館発行『書香』に、年九〜一三編の論説・翻訳を発表していくが、その間に並行して日本古代史に関連する読書が進む。例えば渡辺義通の『日本母系時代の研究』（三二年）を知り、また満鉄を通じて朝鮮・満州の歴史研究を深めていた白鳥庫吉、津田左右吉、池内宏らの合理主義的な諸成果にも旺盛に注目していくのだった。神がかりの日本史と違った津田らの研究を通じて、古代日本には一夫一妻婚とまったく異なる婚姻形態がたくさんあったことを学んでいくことになるのである。

その後布村は、一九四二年に大連図書館の司書となり、また満鉄育成商業学校講師（歴史担当）を兼務することとなった。その年に一冊の単行本『しべりや小史』を出版する。大連市の大連日日新聞社から東亞文庫シリーズの一冊として刊行された本書の「はしがき」を全文引用する。(24)

はしがき

現代ロシヤを的確に認識し理解するには、そこに生起する諸種の具体的な現象を分析することによるのも一方法であるが、その基礎となる歴史をも知らねばならない。この歴史に対する概念なくして今日のソ連を知りえないであろう。

独ソ戦の結果、ロシヤのシベリヤに対する経済的依存性は増大し、他方大東亞戦争のもとにあってロシヤは中立的立場にあるとはいえ甚だ微妙な状態にあり、その一環としてのシベリヤは依然としてわが国の大きな注目対象であることにかわりはない。かくてわれわれにとってはロシヤ自体そしてシベリヤ、とくにロシヤの対シベリヤ侵略工作の史的解明をいまこそ必要とする秋にせまられている。

かえりみれば、わが国は徳川時代よりシベリヤと接触をもち、北辺問題の重要性は早くから叫ばれたが、単にそれだけにとどまり、なんらの積極的な考察もなく、シベリヤの歴史的発展段階を正しく認識することはさらに進んでいなかった。同じ隣邦中華民国にたいする積極的な認識と、このシベリヤにたいするそれとを比較するとき、われわれはシベリヤに関してまったく無知であるといってもさしつかえあるまい。

われわれはその憾みをいく分でもあきらかにしようと種々の文献をさがしたが、結局レベデフ及びネチキナ監修のロシヤ史を骨子として、それにできうるかぎりの手を加えて刊行することとした。本書の特色としては、たんに事件の羅列にとどまらず、シベリヤ原住諸民族にたいする史的解明とロシヤのシベリヤ侵略に付随する経済をも対象とした点にある。

なお出版に際して与えられた福富八郎、宮田武夫両氏の懇篤なる御援助を深謝したい。

昭和十七年三月日ソ漁業条約締結の日　布村一夫

布村は、はしがきでは「ロシヤの対シベリヤ侵略工作の史的解明をいまこそ必要とする」と述べているが、その実、本文において自己の学問的追究の成果をたくみに忍び込ませている。それは主に民族学ないし家族史に関連している。例えば、本文中に次のように記している。

「北東シベリヤの諸民族

また彼らの社会生活においては、氏族的諸関係が支配していた。十七世紀末にはカムチャダル人は巨大な氏族連合を保持していたが、各天幕（ユルタ）には二百乃至三百人の人がすんでいるところの数百の天幕からできている村落があった。チュクチ人のあいだには婚姻関係の非常に古い形態の残存である交換婚（ペレメンヌイ）が保持されていた。交換婚は群婚の一変態で、またギリヤーク人の間にもこれがみいだされるが、この結婚関係については一八九二年十月の『ロシヤ新聞』がつぎのように報じている」。(25)

同時代人・石堂清倫の追想的証言

次に、満鉄時代に布村と行動をともにしたことのある石堂清倫による追想的証言をもとに、満鉄時代の布村を検討する。石堂は、一九三八年、それまで勤めていた日本評論社を退職し、満鉄に入社し、調査部外国経済係ユダヤ研究班に配属となった。一九四一年に大連図書館に移ったあと、一九四三年に生じた満鉄調査部事件第二次検挙で逮捕された。一九四四年釈放、四五年執行猶予付きで有罪判決を受けたあと、ハルビンで敗戦をむかえる。その後も大連に留まって日本人労働組合関連の仕事を精力的にはたし、四九年最後の引揚船で帰国した。晩年の一九九八年に熊本女性学研究会のインタビューに応じて、大連での布村一夫との接触、交友につき、記憶のかぎり幾つか回想を行なった。その記録「石堂清倫先生の二〇世紀屈折のあと」（熊本女性学研究会『新女性史研究』第四号、一九九九年）を参考に、石堂の印象にある大連時代の布村について以下に描いてみる。

石堂は、一九四一年、大連図書館で初めて布村と会う。当時、布村は書目係司書職員だった。石堂は幹部職員から次のように言われた。「布村という男は自分の好きなことばかりやって、社業はすこしもやらないという評判があるから、少しは仕事をさせよ。それをさせる自信はあるか[26]」。石堂も布村も、大連図書館に転属となる前は満鉄調査部にいた。そのあたりの事情をインタビューに拾ってみる。

石堂　彼も調査部にいてロシア調査をやっている時でも、ロシア情勢に関係の無い何かの勉強はしているらしいです。

問　それだから大連図書館にやられたのですか。

石堂　そうでしょうね。それだからよかったのです。ロシア調査をやっていたら、戦犯ですぐにシベリアへ連れて行かれますから。満鉄のロシア調査というのは、シベリアで戦争をするための準備調査です。（中略）布村君はそこへはいらなかったから助かるのです。有能だったらそういう任務に付けたかもしれない。図書館にいるということは、そういう危険性を免除されたということです。

問　それでは、大連図書館で布村先生とお話になったということはありますか。

石堂　あります。自分が何を勉強しているかということを、私によく説明してくれました。L・H・モルガン『古代社会』やエンゲルス『家族・私有財産・国家の起源』を読みこなしていることは、かなりよく知られていました[27]。

石堂は、一九四三年六月に満鉄調査部事件で拘留されると、同年一〇月に、獄中で反省と転向の手記を書かされた。一部を引用する。「私の罪はマルクス主義に基づくものであります。それ故に私はマルクス主義を仆《たお》すことによって初めて許されるべきものと思います。（中略）私は改めて五年間の調査部生活を想起します。それは徹頭徹尾無反省と□〈利〉己主義というに尽きます。私が幾度か決意しつつも清算に欠くる所のあったのは反省が足りなかったためでありました。拘留生活を通し憲兵諸氏の態度から私は軍人精神就中生死観を□な□知りました。私は自己の生命を日本人という一点にかけて考えこれより罪の生活に入ります[28]」。

以上の「反省文」は、獄中に囚われた者の多くが書いている。みな似たり寄ったりで、雛形があるようだ。一九四四年一二月釈放後、石堂は軍隊に入り、八月一五日を迎えた。その後の労働組合関係の運動における精力的な行動から判断すれば、「反省文」は、早期釈放を勝ち取るためのいわば消極的獄中闘争といったところである。そのような石堂の回想から受ける布村の印象は、むしろ真実みを帯びている。布村本人の回想から受ける印象とほぼ一致している。

四　二〇世紀後期の大井と布村

大井『フォークローアとエスノロジー』（一九九一年）への歩み

本章の二で、大井は、一九四四年一月に長編の論文「東印度の農耕儀礼」を脱稿していたこと、その論稿の叙述目的はインドネシアの農耕儀礼に関し、特定地域の事実を系統だてて明らかにすることなのであり、それ以外のことがら、理論的考察などは二次的な扱いをうけること、以上の二点を記しておいた。では、一九四四年段階でいわば棚上げされた理論的考察は、その後いつになって果たされることになったか。私には、その課題は著者によって実行されなかったように思われる。だが、後年におけるその時どきの問題意識にリンクする限りでならば、理論的考察は確かに実行された。あるいは、実行に移そうとの気持ちは、晩年に近づくにつれて強まっていったのである。[29]

そうした意識の強まりからであろう、大井は、一九七八年に『未開思惟と原始宗教――インドネシアにおける』（未来社）を出版した。そのあとがきを読むと、次のことがわかる。この七八年著作は、著者が満鉄調査局時代に起草・発表した数々の論文を集め、一九四四年中に一度刊行を考えたものであった。しかしこれは永らく陽の目をみることがなく、三〇年以上の歳月を経てようやく刊行されることになった。その際著者は、七八年著作の「はしがき」で、第二次世界大戦中の自己史を回顧して次のように語っている。「わたしが大学を卒業した一九三八年（昭和一三年）という年には、売行の良くない文科出身者でも、なんとか食うだけの就職はできる世の中になっていた。つまり、世間全体には時局産業が繁盛していた。わたしも、時局産業の片割みたいな、蘭印の調査、すなわちインドネシアの調査という仕事を見つけることができた」。「まず、当初は腰掛けのつもりでやりはじめたインドネシア民族宗教学にしだいに興味を覚えてきたことである。（中略）こうして、インドネシア民族宗教学に頭を突込んでいき、いつの間にかこの方面でエキスパート扱いにされていた。もちろんこれには後悔がない」(30)。

このように往時を回顧する著者は、その「はしがき」でしきりにクロード・レヴィ＝ストロースの名とその諸説を引く。私は、ここで大井のレヴィ＝ストロース論を要約するつもりはない。そうではなくて、ここでは、植民地支配下における人類学・民族学研究の功罪に関してレヴィ＝ストロースと大井とが共通に抱いていた感慨について述べてみたいのである。

クロード・レヴィ＝ストロースはある講演でこう語っている。「結局のところ、人類学者が目にするのは、大多数の場合、どのようなものでしょうか。それは入植の必要から強制移住させられる原住民、必要とあらば絶滅させられる原住民であり、強制労働に服させるための人狩りであり、資源を奪うために祖先伝来の所有地を取りあげられてしまった人びとであり、酒と麻薬に蝕ばまれてゆく現地人であり、警察の乱暴や拷問であり、爆撃される村々であり、枯葉作戦の被害を受けた作物であり、それまでは処女地であった地方を横断する道路なのです」。「人類学者全体については、いろいろなことがあるにしてもともかく、私たちは自分の心に次のことは言えるでしょう。自己のアイデンティティーを自覚した諸民族が、欧米人の行為によって起った障害と、数十年もしくは数百年にわたってこうむった苦難の克服を急ぐのあまり、われわれ民族学者とその出身国とを一まとめにして拒否するとしても、それは当然であり、健全な態度です。しかし私たちにとっては、慰めとなる認識、いや確信があります。一〇年後、二〇年後、一世紀後もしくは二、三世紀あとのことかもしれませんが、これらの社会の人びとも、私たちと同じように、自らの根源、ルーツとの接触をとり戻す必要、自分の過去を再発見する必要を感じることになるでしょう[31]」。

大航海とカトリック海外布教の時代よりこのかた、人類学・民族学の発展は大なり小なりヨーロッパ諸国の海外侵略の拡大と関連してきた。探検家→宣教師→民族学者の順で彼らは結果的には侵略者のお先棒を担ぐのである。例えばザイデン・シュトラーセン（絹の道）の命名者であるドイツ人リヒトホーフェンのアジア調査は、そのままヴィルヘルム独帝の中国侵略に活用されたといわれる。そのような経緯と問題点を孕む民族学研究に対し、レヴィ＝ストロースと同様、大井正も悩み、自己をはげます。「わたしの研究は、第二次世界大戦における日本の政策に深くかかわっていたことになる。G・ルクレール著『人類学と植民地主義』（一九七二年、日本訳平凡社刊）は、人類学がヨーロッパ諸国による植民地支配に研究課題を負うていることを精しく論述している。全くそのとおりであろう。（中略）ところがである。この事実から、人類学は、必然的にイデオロギー（虚偽意識）にすぎず、したがって偽科学であると論定できるだろうか」。「人類学が植民地主義によって研究課題を与えられ、研究条件を設けられているとはいえ、それが科学的な営みであり、真理の探求である以上、当該の植民地主義的志向に、つねに反作用を及ぼしてきたこともみのがされてはならない[32]」。これが、大井の、悩みつつも自ら確信をもって述べる研究姿勢なのである。

だが、主として外務省欧亜局第三課と満鉄調査局東亜経済調査局でなされたインドネシアの農耕儀礼に関する研究を、その当時でなく戦後数十年の歳月を経てから公刊するということで、何か問題は生じないだろうか。生じるのである。そのことは、例えば九一年著作の原題になっている「東印度」という文字からして、如実に物語っている。本来的には、大井は、この「東印度」を「インドネシア」と変更したくなかった。しかし、出版社との協議をも踏まえ、やむなく変更に踏み切った。その意向にしたがって編者の私は、本文中に出てくる「東印度」をもすべて「インドネシア」と変更した。私にすれば、この変更はよろしくないのである。修正する毎に、それが文脈から浮いたりはずれたりするのをしばしば感じた。「東印度」という語は、なるほどWest Indies（西インド諸島）に対するEast Indies訳（東インド諸島）に当たり、植民地主義のプンプン臭う用語なのだが、反面、この語をもって一九三〇年代に示される地域・諸民族はほかの用語では置換しにくいのである。マレー諸島でもしっくりいかず、ましてインドネシア諸島ではますます噛み合わなくなる。とはいえ著者は、本文に出てくる、その時代を匂わせるほかの用語については、一切変更を控えた。

七八年著作『未開思惟と原始宗教』刊行に際し、著者は次のように述べていた。「この古い作品をダンボール箱の墓地から、まとめてふたたびとりだし、新しい生気を吹きこむことができたことはなんといっても嬉しい。仮名使いを除いては、章の名称はもちろん、文章にも日本文として不明な個所にはできる限り、手を加えるのを控えた。だから、『土人』、『土着人』、『支那』、『蘭印』、『東亜共栄圏』など、今日では廃語、もしくはそれ並みに取り扱われている語も散見する。しかし、こういう語をいちいち改訂することは、面倒だというよりも、わたしの研究歴の偽造になりかねない。これらの語については、『あとがき』でも注解を加えるが、本書は、わたしにとってはあくまで『十九年九月』付の意識に密接する作品である。／一九七八年四月／大井正」(33)。

事実は自己に有利有益なもののみを選ぶ、事実はあとからつくられる、といった倒錯した思考はいつの世にもはびこる。そのような風潮に対し、過去があっての現在という観点から、または現在の基盤としての過去という観点から自己の立場をここまで明確に表明する大井を、私は心から尊敬するものである。よって、半世紀ぶりに一九四四年の手稿を活字にするにあたって、私もまたできるかぎり著者の意向通りに編集・校正した。難解な、しかし代替困難な漢字にはルビをふるなどして、もとの文脈・雰囲気が保存されるよう努めた。しかし、それでもなお、戦後埋まれの私には、大井との間に、埋めるに埋められない溝があることも否定できない。私は大井とともに「十九年九月」付の意識に密接する実存を経験していない研究者として、大井に対してどこかで一線を引くことが必要なのである。その一線は、植民地支配と民族政策を国是とする時代を日常として生きた知識人と、国際民主主義と異文化理解を国是とする時代を日常として生きる知識人との間に引かれる文化的差異を示すものである。

布村『正倉院籍帳』（一九九四年）への歩み

布村一夫は、敗戦直後の一九四七年春、満州からの引き揚げ船で佐世保港に上陸し、熊本市に着いた。そして、同市の古書店で偶然『大日本古文書』巻の一を二百円で購入したのだが、これを史料として以後、布村は、正倉院籍帳の研究に着手することになる。この文献購入は偶然であったが、布村が日本古代の家族史・村落史を研究するという方向は、満鉄時代にすでに確定していたといっても過言ではない。すなわち一九三〇年代四〇年代に満鉄調査部・大連図書館等でモーガン『古代社会』、エンゲルス『家族・私有財産・国家の起源』、マルクス『資本制的生産に先行する諸形態（フォルメン）』を読破してあったことが、帰国後早期における籍帳研究の方向を決定づけたのである。

布村は、モーガンやマルクス読書の過程で、さらに二人の古代社会・思想研究者に突き当たる。神話学者のバッハオーフェンと比較宗教学者のド・ブロスである。前者の『母権論』『古代書簡』は人類最古の共同体探求と女性史の発端解明に役立ち、後者の『フェティシュ諸神の崇拝』は共同体解体の一因である疎外の発生根拠の解明に役立った。さらには羽仁五郎「神話学の課題」(『歴史学研究』一九四六年一〇月号)を読むなどしつつ、唯物史観とモーガン民族学による家族史研究を進めていったのである。その際キーワードはクラン(氏族)とトライブ(部族)、トーテミズムとフェティシズム、母権、神話(学的方法)などであった。研究成果の第一は、「アジア的生産様式の清算」(『歴史学研究』第一四一号、一九四九年)に示された。

その布村は、晩年の一九八九年に刊行した著作『神話とマルクス』(世界書院)の「あとがき」で、とりたてて羽仁五郎の神話学研究を詳細に解説している。「あの羽仁五郎氏が、戦前に、神話についての二つの論考をかいている[34]」。で、一本は前述の「神話学の課題」(『歴史学研究』一九四六年、執筆は一九四二〜四五年と推測)である。この羽仁解説を読むと、布村はそうとう羽仁に傾倒していることがわかる。羽仁が戦前にモーガンを読み、フレイザーやデュルケム、マリノフスキーほか数々の欧米学術文献を読破していることが、布村にはことのほか快く感じられたのであろう。

日本古代の共同体と家族の実態を実証的に解明する一助として布村は、戦後熊本で、熊本出身の高木敏雄や松村武雄といった神話学者の文献を読みあさりつつ、みずからも神話研究に没頭した。羽仁への接近はその一環だった。だが、布村は羽仁の論考「神話学の課題」を読んだとき、「もはや羽仁はわたしを驚かさなかった[35]」とのことである。むしろモーガンに依拠してみずから日本神話に関する研究を深めていき、それを『日本神話学——神がみの結婚』(麦書房、一九七三年)にまとめたのだった。この第一作から遺作『正倉院籍帳の研究』(刀水書房、一九九四年)までの著作群を通読すれば、布村は少年・青年時代に満州という海のむこうの地で自己を確立し、満鉄時代に学問の道を開拓し、さらには日本上陸後は、官学アカデミズムによらずほぼ独学で自身を完成させていったことが如実に判明する。[36]

しかし、その布村に対しても、私は研究者として、大井に対する場合と同様、どこかで一線を引くことが必要なのである。その一線はやはり政治的な差異を画するのでなく、文化的差異を画するものである。

五　学問における政治的葛藤と文化的葛藤の差異

政治的葛藤

一九九九年一二月二〇日付『毎日新聞』(夕刊)紙上で、当時七五歳の吉本隆明と五一歳の加藤典洋が第二次世界大戦中の日本における「転向」をめぐって対談していた。吉本は、戦時中は「戦争肯定青年、天皇制肯定青年だった」とのことである。彼によれば、それは個人的な過去でなく時代現象として普通の民衆に共通の体験であった。だが、その考えはGHQ占領下では誤りとなった。善悪は相対的であると観念せよ、というのが時代の要求だったのであろうか。それを強調するかのように、加藤はこう付言した。「一〇〇人のうち九〇人が誤る時には、その『誤り』の方に普遍性がある。そこがものを考える足場になる」。

戦争中のみならず、今日でも人々はある種の「転向」を迫られている。例えば「国旗・国歌」をめぐる事態がそうである。戦時中の軍国主義を象徴するものに、日の丸と君が代と万歳の三点セットがある。これを尊重しない者は非国民であった。そうされたくなかったなら三点セットを認めるよう「転向」させられた。けれども、その考えはGHQ占領下では誤り＝悪い考えとなったのである。ただし、三点セットのうち万歳だけは不思議と「転向」の踏絵から外されてきた。万歳の方は、左右諸派入り乱れて無頓着に三唱されてきた。獄中一〇数年を耐えて戦後に政治活動を再開した人たちやその流れを汲む党派でも、「万歳」だけはためらいもなくやってきた。いわんや、戦後生まれの者はみな、私も含め、まさか万歳にそんな負の歴史があるとは知らず、祝賀会や歓送迎会の恒例として平気でやっている。忌まわしい歴史を知っていれば犯罪的で、知らなければ許されるというものでもなかろう。

また、戦前は民主主義やマルクス主義の論客だった人が、戦時中は率先して国策に迎合した論陣を張ったとして、それだけではとうてい転向と決めることはできない。自身の生存的――宗教的も含めて――志操を堅持するため自己の政治的志操を時代思潮と妥協させることは、しばしばある。人は政治的にのみ生きているのではない。国策への迎合はある種の戦略――消極的抵抗――であって、転向とは言えない場合はたしかにある。転向と言い得るには、少なくとも政治的志操を踏み越えた生存的志操との間の葛藤がなければならないのである[37]。

ところが、政治的観念よりも、もっと深い意識に関連する文化的観念については、戦前戦中戦後と、ほとんどの日本人は無批判（自己無批判）に過ごしてきた。私が大井と布村に共通して感じる差異、違和感はそこにある。政治的観念では、私は大井にも布村にも共感するし理解できる。しかし、文化的観念について私は、最近、すでに両者は亡くなって一〇年以上経過した頃になって、結果的に論争を挑むこととなるのであった。

文化的葛藤

「文化」という術語は、二つの語原をもつ。一つはヨーロッパ起原のもので、cultus という古代のラテン語に由来する。耕作とか栽培、また耕作地、それから生活とか習慣、衣服とか装飾、教養とか薫陶、そして尊敬とか崇拝の意味を含んでいる。このクルトゥスが語原となって、耕作・修養・教養（cultivation）、文化・文明（culture）、祭儀・崇拝（cult）などが派生した。いま一つの語原は中国起原のものである。漢民族のもとでは、武力や刑罰で民を教化することを武化といい、知識や訓導で民を教化することを文化といった。「文」のみならば物事のあらわれ（天文）、筋道（文理）、あや・かたち（文様）などを意味するが、「文化」とくれば文徳をもって教育すること、世の中が開けてゆくこと、学問芸術が進むこと、などの意味を含むことになる。(38)

文化に関する以上の語原的系譜を背景にしつつ、日本では、とりわけ明治時代になってこの術語の意味に関して次のような二分化が進んだ。一つはヨーロッパ的で高級なもの、観念的に洗練されたものとしての文化である。「文化的生活」「国民文化」などはこの典型である。これを本書では文化の第一類型としておく。そしていま一つはアジア的で陳腐なもの、生活習慣・生業としての文化である。「縄文文化」「農耕文化」などはこの典型である。これを本書では文化の第二類型としておく。この二分法においては、文化の第一類型は比較的に尊重されるが、文化の第二類型はともすると軽視される。

視野を世界大におくと、例えば第二類型の代表として中央アフリカのジンバブエ遺跡文化が挙げられる。この遺跡は一一世紀以降、いくつかの民族——ショナ人、ロズウィ人など——によって造営され続けたものである。しかし一六世紀に入るとヨーロッパ人が侵略し始め、一九世紀にはジンバブエの先住民組織は消滅した。完全に廃墟と化したこの遺跡は後にヨーロッパに知られることとなるが、そのときは列王記一〇章一一節に記されるオフィルの遺跡と紹介された。アフリカ大陸を未開地と見なして植民地化の対象としていたヨーロッパ人には、先住民がかつて独自の文化を構築していたことはまったく想像だにできなかった。ヨーロッパ人にとって文化とは、何よりもまず第一類型を意味したのであり、それは非ヨーロッパ地域には生まれようはずがないと観念していた。この遺跡都市がアフリカの先住民族によって造営されたことが認められたのは、二〇世紀後半になってのことである(39)。

文化とは第一類型を指すのであって、第二類型は文化ではない、あるいはせいぜい第一類型から派生した堕落だ、とする精神は、脱亜入欧的近代日本の知識人たちに共有されてきた。そして、この文化観念は二〇世紀前半に満鉄にかかわった知識人にもほぼ共有されていた。それは例えば、アジアそのほか諸地域の先住民に付ける「未開人」や「〜族」などの表現に端的に表明されている。

大井も布村も同様である。大井は、次の文脈で「未開人」、「族」を使用する。「クロイトの有名なモノグラフ『メアサ―バレ・トラジャ族および周囲数部族のディナミズムへの寄与』（一九一八、一九、二〇年）においては、それゆえに学説的に新しい方向を見出すことができない。クロイトにおいても、バレ・トラジャ族をめぐる諸部族の未開表象をその呪力表象を中心として、観念連合およびこれに伴う抽象物の感覚化の視点より考察しているにすぎない(40)」。布村は『しべりや小史』に掲載した翻訳において、次のように使用する。「モスクワにおける自然科学友人協会人類学部の十月十日（新暦の十月二十二日）の会合において、エヌ・ア・ヤンチュク氏はギリヤーク族――それはサガレン島のいまだ研究されていない種族で、野蛮の文化段階に立てるもの――についてのシュテルンベルグ氏の興味ふかい報告を発表した。ギリヤーク族は農業も土器の製法もしらない。彼らは主として狩猟によって生活している。彼らは木製の槽の中に焼石を投げ込んで水を温める(41)」。

上記引用文は、大井については自身の文章であり、布村の場合は翻訳文である。しかし、大井の場合も基本的にはヨーロッパ人類学・民族学の研究業績に依拠して用語＝翻訳語を使用しているのであるから、「未開」、「野蛮」「〜族」については、大井・布村ともにヨーロッパ人の文化観念を基準にしているとみて差し支えない。私は、満鉄マルクス主義者を筆頭とする満鉄時代の左翼的知識人は、文化面でヨーロッパ中心主義――あるいは文化の第一類型主義――でもってことに臨んでいたと考える。[42] 満鉄知識人の多くは、政治的葛藤は克服できたが、文化的葛藤についてはそれが存在することすら意識しないまま二〇世紀をすっかり生き続け没していったものと考える。そして、この文化的葛藤の克服はついに、二一世紀初の今日、我々の世代に引き継がれているのである。

私は、文化史学上できわめて重要な翻訳書、フレイザー『金枝篇』（一九三六年、全一三巻）の日本語版監修作業（二〇〇二年春以降）を通して、その葛藤に一つの結論を出した。以下に、監修者解説「監修上の留意点」から一部を引用する。

これは重要なことなので、縷々解説する。訳語の中には今では差別語になっているものが散見されるので、それを訂正した。多くは身体障害に関する表現であるが、そのほか特に民族名について、例えば、「トラヂャ族（the Toradja）」とある場合、「トラジャ人」と修正した。「ヂ」を「ジ」としたのは旧字の訂正にすぎないが、「族」は少数民族に対する差別表現にあたる場合が多いので、「人」とした。二十一世紀の諸民族共生社会では、例えば「～族」は国家を形成する以前の社会集団で、「～人」というのは国家を形成している社会集団をさす、といった近代に固有の歴史的限定的概念に変更を加える意味での改訳である。ただし、民族学の学術語になっている「部族（tribe）」「氏族（clan）」については「族」をそのままとした。また、native, indian はおおよそ「先住民」とした。savage, primitive man, barbarian は「野生人（自然に即して野に生きる人の意味）」に、「ジプシー（gypsy）」は「ロマ（人間の意味）」に、「エスキモー（esquimaux）」は居住地域によっては「イヌイット（人間の意味）」

に、それぞれ置き換えた。「酋長（chief）」は「首長」とした。

　ところで、二〇世紀初頭のヨーロッパ人がsavageやbarbarianを人種差別的な意味で用いていたのは当時の「常識」に属することなのだから、百年後の翻訳においてそうした意味の訳語が選定されてもおかしくない、と見る人がいる。しかし、私はその見解を全面的には支持しない。なぜなら、その当時における「常識」と今日の「常識」とは明らかに異なっているからである。百年前の原著者は差別について無自覚であったとしても、百年後の読者はそれを自覚している。しかも、どちらの態度もいわば「常識」的なのである。また、言わずもがなのことではあるが、フレイザー自身は民族差別を主要目的にしてこの大著を編集したのではない。なるほど一方では、差別的な文脈になっている個所がなくはない。しかし他方では、生地スコットランド（自民族）の呪術や儀礼に言及する場面でも分け隔てなく上記の原語を使用している。したがって私は、訳語選定基準の一つとして、そのときどきの「常識」に従うという一貫性を保つことにした。

　さきごろ『哲学・思想翻訳語事典』（論創社、二〇〇三年）を編集刊行した私にすれば、翻訳は原語から訳語への、異言語による原語のたんなる置き換えではない。原書から離れた絶対的な意味というわけではないが、翻訳はそれ自体一つの独立した作品である。翻訳される言語を使用する地域と、翻訳される時代を生きる人々の介在する一つの文化である。翻訳には、なぜ翻訳したいかという動機も含め、原書が書かれた時代の精神・状況とは別に、翻訳された時代の精神・状況が反映されるのである。(43)

この文章を引用することにより、私は個別的に大井や布村を〈文化の第一類型〉至上主義者として断罪するつもりはない。引用文にも記したように、この二人が生きた時代それ自体がまずもって、〈文化の第一類型〉に重きをおき、〈文化の第二類型〉については軽視するか無自覚だったのである。だが、いまは自覚できる時代である。自覚しなければならない時代である。それにもかかわらず〈文化の第一類型〉至上でいようとする知識人は、今後は断罪されていくであろう。二一世紀の今日、日本ではマスコミのみならずアカデミズムにおいても、未だに少数民族を「〜族」と称してはばからない。そのような表現に象徴される傾向こそ、問題にするべきなのである。そのような文化的葛藤をくぐりぬけた末に、満鉄時代知識人の学問的立場は根本的に克服されるであろう。

＊

岡倉天心は、『茶の本』（The Book of Tea, New-York, 1906.）において、次の文章を英文で綴った。「西洋人は、日本が平和のおだやかな技芸に耽《ふけ》っていたとき、野蛮国とみなしていたものである。だが、日本が満州の戦場で大殺戮を犯しはじめて以来、文明国と呼んでいる。（中略）もしわが国が文明国となるために、身の毛もよだつ戦争の光栄に拠らなければならないとしたら、われわれは喜んで野蛮人でいよう。われわれの技芸と理想にふさわしい尊敬がはらわれる時まで喜んで待とう[44]」。「野蛮人」という語についての、天心のこの逆説的な表現に、私は「野生人」ないし「自然人」という語を使用したい。後者は、かつてGHQが起草した日本国憲法の草案にあった言葉でもある[45]。「Article13. All natural persons are equal before the law.（すべての自然人は法の前に平等である。）」後に日本語の条文の下地におかれることになる英文「All the people are equal under the law.（すべての国民は法の下に平等である。）」では掻き消されてしまった「natural person」、これこそが満鉄知識人の捉えようとして捉えられない、あるいは意識にすら昇らない文化的概念だったのである。人間は文化を築く動物である（大前提）。自然人は人間である（小前提）。よって、自然人は文化を築く（結論）。文化の第二類型を多様性として認め、野生人や自然人を二一世紀人のタイプとするには、この際我々の価値観を転換して、これまでに有力であった歴史観――循環史観と進歩史観――の相互的連合すなわち「多様化史観（a diversification historical view）」に立つ必要があるだろう(46)。

註

（1）文化財の略奪とそれに関連する諸問題については、さしずめ以下の文献を参照。エクトール・フェリシアーノ、宇京頼三訳『ナチの絵画略奪作戦』平凡社、一九九八年。ヒュー・トレヴァー＝ローパー、樺山紘一訳『絵画の略奪』白水社、一九八五年。コンスタンチン・アキンシャ、グリゴリイ・コズロフ、木原武一訳『消えた略奪美術品』新潮社、一九九七年。松本剛『略奪した文化――戦争と図書』岩波書店、一九九三年、参照。

（2）満鉄調査部については、さしずめ以下の文献を参照。草柳大蔵『実録満鉄調査部』、朝日新聞社、一九八三年。原覚天『現代アジア研究成立史論――満鉄調査部・東亜研究所・IPRの研究』、勁草書房、一九八四年。井村哲郎編『満鉄調査部――関係者の証言』アジア経済研究所、一九九六年。小林英夫・福井紳一『満鉄調査部事件の真相』小学館、二〇〇四年。なお上記文献著者中の原は、満鉄調査部のアジア研究が果たした役割に関連して、上記著作中で次のように記している。「ところで、一九〇〇年前後から太平洋戦争敗退期までの約五〇年間、日本人が、日本人として、それぞれの学問領域の立場からアジアをいかに見、かつ考えてきたか。日本の近代化＝資本主義化の始点を日清・日露戦争前後とするならば、それはまた国際的には、世界資本主義が、いわゆる帝国主義段階への移行過程にあった時期と見てよいであろうし、日本のアジア研究は、かかる近代化の過程において生起し、発展しているものであり、したがって国際的な契機を除外しては考えられない性質のものである」。「軍部は一九四一年二月に、早くも南方作戦の必要から参謀本部に研究班を設けるとともにインドネシア、インドシナ等の経済工作の具体化について現地調査をおこなっている」。原、同上、一八頁、三頁。

（3）本書で事例に取り上げる知識人二名は、ともに私の研究上の恩師である。前者からは主にヘーゲル左派哲学・思想研究を学び、後者からは主にモーガン民族学・バッハオーフェン神話学を学んだ。以下に略歴を記す。

●大井正（一九一二〜九一）略歴

一九一二（大正〇一）年

一二月一七日出生、山形県西田川郡湯田川村大字田川湯乙五三

一九二五（大正一四）年

三月、湯田川村立湯田川尋常小学校卒業

一九三〇（昭和〇五）年

三月、山形県立鶴岡中学校卒業

一九三五（昭和一〇）年

三月、府立高等学校文化乙類卒業

四月、東京大学文学部哲学科入学

一九三八（昭和一三）年

三月、東京大学文学部哲学科卒業（卒論「ヘーゲルに於ける学の理念」）
五月、外務省南洋局勤務（インドネシア民族調査など担当）
一九四〇（昭和一五）年
春、コミュニスト・グループ事件で検挙さる（拘留一ヶ月）
一九四一（昭和一六）年
三月、外務省南洋局退職
四月、南満州鉄道株式会社東亜経済調査局勤務（一九四五年一二月まで）
一九四七（昭和二二）年
春、日本共産党入党
一九五三（昭和二八）年
四月、高崎市立短期大学教授
一九五八（昭和三三）年
六月、日本唯物論研究会の設立に奔走
九月、ソ連科学アカデミー哲学研究所の招聘により訪ソ（〜一〇月）
一九五九（昭和三四）年
三月、東京唯物論研究会の設立に奔走
四月、明治大学政経学部専任講師（社会思想史担当）
一九六〇（昭和三五）年
三月、明治大学政経学部教授
六月、安保闘争、学者・研究者グループとしてデモに参加
一九六四（昭和三九）年
秋、日本共産党除名
一二月、ソ連科学アカデミー哲学研究所およびソ日協会の招聘により訪ソ（〜翌年一月）
一九七一（昭和四六）年
一〇月、西ドイツ・テュービンゲン大学に長期研修（〜翌年九月）
一九八三（昭和五八）年
定年退職
一九八八（昭和六三）年
秋、自宅でシュトラウス研究会（一九九〇年入院まで）
一九九一（平成〇三）年
一月二七日没、行年七九歳

●大井正主要著書訳書

一九四二年
共著『南洋地理大系』ダイヤモンド社（「旧蘭印の政治」）
一九五三年
『現代哲学』青木書店
一九五四年
『日本の思想——福沢諭吉から天野貞祐まで』青木書店
一九五六年

『日本のインテリゲンチャ』三一書房
一九五八年
『日本近代思想の論理』合同出版
一九五九年
『現代の唯物論思想――批判と展望』青木書店
一九六八年
『唯物史観の形成過程』未来社
一九七〇年
『唯物史観における個人概念の探求』未来社
一九七五年
『マルクスとヘーゲル学派』福村出版
一九七八年
『未開思惟と原始宗教』未来社
一九八〇年
『性と婚姻のきしみ』福村出版
一九八三年
共著『マルクス思想の学際的研究』長崎出版（石塚正英「三月前期ユートピアンのマルクス批判」を含む）
一九八五年
『ヘーゲル学派とキリスト教』未来社
一九九一年（没後）
『フォークロアとエスノロジー』世界書院（石塚正英「若き大井正の『インドネシアの農耕儀礼』」を含む）

●布村一夫（一九一二〜九三）略歴

一九一二（明治四五）年
三月二五日出生、富山県富山市愛宕町三五
一九二四（大正一三）年
三月、撫順千金小学校卒業
一九二九（昭和〇四）年
三月、撫順中学校第五学年卒業
一九三二（昭和〇七）年
七月、満州教育専門学校文科二部卒業
南満州鉄道株式会社社員、地方部勤務、公主嶺公学堂教諭
一九三五（昭和一〇）年
四月、新京八島小学校訓導
一九三七（昭和一二）年
四月、満鉄新京図書館司書
一一月、満鉄安東図書館長。このころロシア語一等試験合格
一九三八（昭和一三）年
六月、ハルビン工業大学助教授兼付属図書館主事
一九三九（昭和一四）年
三月、満鉄調査部第三調査室（旧北方班）調査員
一九四二（昭和一七）年
四月、大連図書館司書。満鉄育成商業学校講師（歴史担当）兼務

年月日不明　召集
一九四五（昭和二〇）年
八月一五日、ハルビンで敗戦を迎える
一九四七（昭和二二）年
三月、引揚、佐世保に上陸
一九四八（昭和二三）年
五月、熊本県八代郡上松中学校助教諭
一九四九（昭和二四）年
三月、熊本市立白川中学校教諭
一九五一（昭和二六）年
五月、熊本女子大学講師
一九五三（昭和二八）年
四月、熊本女子大学助教授
一二月、熊本女子大学付属図書館事務長（一九五五年四月まで）
一九五五（昭和三〇）年
四月、熊本県保母養成所講師兼務
一九六〇（昭和三五）年
五月、熊本大学法文学部講師兼務（一九六二年四月まで）
一九六二（昭和三七）年
四月、熊本商科大学非常勤講師兼務
一九六三（昭和三八）年
五月、熊本女子大学教授
一九七〇（昭和四五）年
八月、家族史研究会顧問（『女性史研究』誌全二八集の刊行を没年まで指導）
一九七七（昭和五二）年
四月、退職
一九九三（平成〇五）年六月一五日没、行年八一歳

●布村一夫主要著書訳書

一九四二年
『しべりや小史』東亜文庫一―二、満州日日新聞社、大連日日新聞社
一九五四年
『明治前期熊本県農業統計』「熊本県資料集成」第八集
一九五九～六一年
共訳『ソビエト科学アカデミー版　世界史』東京図書株式会社
一九六二年
訳、カール・マルクス『古代社会ノート』合同出版社
『近代熊本の農業』「熊本近代史料　第三集」熊本近代史研究会
一九六五年
共訳、ヴエ・エム・ラフロフスキー『農業の近代』「熊本近代史料　第六集」
一九七三年
『日本神話学・神がみの結婚』むぎ書房

一九七六年
訳、クレーダー編『マルクス　古代社会ノート』未来社
一九七七年
『モルガン「古代社会」資料』共同体社
一九八〇年
『原始共同体研究―マルクス・エンゲルスとL・H・モルガン』未来社
一九八一年
『L・H・モルガン写真集―「古代社会」著者、モルガン百年忌記念』私家版
一九八三年
『共同体の人類史像』長崎出版（石塚正英「あとがき」を含む）
一九八六年
『原始、母性は月であった―「母権論」著者バッハオーフェン百年忌記念』「女性史双書一」家族史研究会
『マルクスと共同体―原始共同体・村落共産体・家族協同体』世界書院
一九八九年
『神話とマルクス―日本神話の謎を解く』世界書院
一九九二年
共著『母権論解読―フェミニズムの根拠』世界書院（石塚正英「母権とフェティシズム」を含む）
一九九四年
『正倉院籍帳の研究』刀水書房

（4）ここに記した「コミュニスト・グループ事件」は、大井正夫人・大井淑子様から戴いた大井正年譜（夫人の手稿）に記されている。一九三〇年代から一九四〇年代前半にかけて、共産党内外諸グループの検挙事件が続発したが、当該の事件はその一つである。例えば同年五月に山代吉宗、春日正一、加藤四海らが特高警察に検挙されている。法政大学大原社会問題研究所編著、『日本労働年鑑・特集版・太平洋戦争下の労働運動』、労働旬報社、一九六五年、参照。

（5）本稿のテーマに関連する限りでの満鉄の歴史（経営や組織など）の詳細については、主として以下の文献を参照。原覚天『現代アジア研究成立史論――満鉄調査部・東亜研究所・IPRの研究』勁草書房、一九八四年。中村孝志「私説『満鉄東亜経済局』」天理南方文化研究会篇『南方文化』第一三輯、一九八六年。井村哲郎編『満鉄調査部――関係者の証言』、アジア経済研究所、一九九六年。小林英夫・福井紳一『満鉄調査部事件の真相』小学館、二〇〇四年。なお、上記文献中、井村編には、満鉄爆破事件の真相を物語る証言（報告者・伊藤武雄）が含まれているので、本稿のテーマからすれば蛇足ながら引用しておく。「この叢書（『満鉄国際叢書』）の目的には、満鉄は『満州事変』の一原因として鉄道関係の妨

害ケースを大いにうたわなければならないということがあったと思います。それで、この叢書のなかに『匪賊』による満鉄交通の妨害についてのものが入っているのです。そのなかに誰も気が付かないのですが、『満州事変』の起きた昭和六（一九三一）年九月一八日には鉄道事故ゼロという資料があります。鉄道の事故係で集計するとそうなるのですが、それをわれわれはそのまま使いました」。井村編、同上、八頁。史実によると、一九三一年九月一八日、関東軍参謀は奉天郊外の柳条湖（当時は「柳条溝」と誤って伝えられた。ようするに地名はどうでもよかったのだろう）の満鉄線路を故意に爆破し、それを中国軍の仕業とした。関東軍は自衛と称して、翌日には奉天、長春など満鉄沿線の諸都市を占領した。この伊藤証言は、満鉄を通じての日本による中国支配の構図をよく示すものである。

（6）大井正「農耕儀礼と民族政策」、『新亞細亞』第六巻第七号、一九四四年七月、三〜四頁。なお、この『新亞細亞』に関係する知識人の対応を知るのに、原覚天による次の事例紹介は参考となる。「満鉄の東亜経済調査局が一九三八年に創刊した『新亜細亜』では、『南方調査の重点を何に置くべきか』という課題のアンケート調査を一九四〇年、四一年、四二年の三回にわたっておこなっており、一九四一年一〇月には『南方調査の方法と企画を語る』という課題の下で識者による座談会を催している。（中略）アンケートの結果はきわめて雑多であり、いずれのばあいも、体系的にとらえることは困難である。しかし共通的にいえることは、大東亜共栄圏建設に対しての疑義は全く見られず、与えられたその命題を肯定し、批判の余地のないものとし、そのことを前提として問題を展開している。たとえば、アンケートに対する回答のほとんどはその中心点にはふれず、資源、産業、交易等の経済領域の問題と、民心収攬を目的とする民族社会の調査に関するものが主なものとなっている」。原、前掲書、五七頁。また、満鉄に関係した平野蕃は、一九八二年に行なった「中国東北における農村・農業調査」という報告の中で、満鉄知識人について、次のように回想している。「私は、満鉄にいた時代は講座派の見解を大体において支持していました。（中略）私は、信念体系としてはマルクス主義だぞと思い込んでいました。しかし先にあげました東畑（精一）先生などの諸先生の論考を読みすすめるうちに、戦後になってとくにそうなのですが、必ずしも信念体系と理論とがワンセットでなくともいい、一つに密着しているとは考えないほうがいいのではないかと考えるにいたったわけです」。井村編、前掲書、七七頁、八〇頁。さらには、小林・福井前掲書には、満鉄知識人の戦後における活動を評価した以下の記述がある。「満鉄調査部事件とかかわった多くの調査部員のうち、生還し帰国できた人たちは、戦後復興から高度成長期にかけて、それぞれの信念と実力で激動の社会をリーダー、もしくは重要な推進者として活動し、それぞれの分野で名を残した。その意味では満鉄調査部を含む満鉄の社員たちは、『知の集団』にふさわしいエリートたちであった」。小林・福井、前掲書、二六二頁。

（7）大井正、同上、一七〜一八頁。

（8）大川周明「米国の物量に対する迷信」、『新亞細亞』、一九四四年七月号、巻頭言。

（9）『新亞細亞』、一九四四年七月号、裏表紙。

（10）『新亞細亞』、一九四三年四月号、巻頭言「ガンディ死せず」で、大川は次のように述べてガンディーの非暴力主義を我田に引水している。「ガンディが三週間の断食を以ってイギリスに挑戦せることは、悲壮極まりなき戦闘開始であった。若しイギリスが此の期間内にガンディの要求を容れなければ、彼の老体は恐らく斯かる長期の断食に堪へまじく、従って壮烈なる死を遂げるであろうと思われた。然るに老いたる英雄の異常なる精神力は、能く三週間の断食に耐へ、遂に其の生命を保つことが出来た。而もイギリスは頑としてガンディの要求に応じなかったので、世界の耳目を聳動せしめた此の悲壮なる戦争は、明瞭にガンディの敗北に終わった。（中略）ガンディは断食には克ったが、イギリスには復た敗けた」。ようするに、アジアがヨーロッパに勝利するにはヨーロッパ以上の軍事力を備えよ、ということである。ここでは、いったん非暴力のガンディーを称えておいて、次にガンディーの方法を実効力なしとみて否定し、これを超える方法として帝国主義的戦争を肯定しているのである。

（11）大井正『未開思惟と原始宗教――インドネシアにおける』未来社、一九七八年、はしがきi〜iii頁。

（12）大井正『フォークロアとエスノロジー――インドネシアの農耕儀礼』世界書院、一九九一年、八頁。

（13）大井正『フォークロアとエスノロジー』、一二頁。

（14）当時満鉄の高級嘱託だった尾崎秀実は、満鉄で収集した極秘情報を駐日ドイツ大使顧問にしてソ連諜報スパイのゾルゲに渡していたが、一九四一年に発覚し検挙され、尾崎らは一九四四年に処刑された。なお、大井夫人の語るところによると、当時大井正は、一九四一年ゾルゲ事件で検挙され四四年に刑死する尾崎秀実と近いところで仕事をしていたとのこと。

（15）中村孝志「私説『満鉄東亜経済局』」、天理南方文化研究会篇『南方文化』第一三輯、二一五頁。

（16）中村孝志、同上、二一七頁。

（17）中村孝志、同上、二一九頁。

（18）中村孝志、同上、二二三頁。

（19）中村孝志、同上、二三二頁。

（20）左翼も右翼も混在する知識人激突の現場、あるいは「満鉄マルクス主義」の戦場としての調査部について、小林英夫・福井紳一『満鉄調査部事件の真相』小学館、二〇〇四年、二四六頁には次のように解説されている。「満鉄調査部でのマルクス主義的活動が活発になったのは、一九三〇年代に入ってからであった。満州事変直後に設立された経調の主たる課題は、経済国策の立案にあった。国策を立案するとなれば、中国東北の社会経済の総合的把握が必要だし、そのための調査が必須となる。当時そうした目的に応えられる手法として最も体系性・総合性を有していたのは、マルクス主義をベースとした『講座派』と『労農派』の理論だった」。

(21) 布村一夫「私の家族史研究をかえりみて」比較家族史学会編『比較家族史研究』創刊号、一九八六年、三一頁。

(22) 布村一夫「家族史研究ひとすじ」歴史科学協議会編『歴史評論』四四五号、一九八七年、八二頁。

(23) 布村一夫「家族史研究ひとすじ」、八二頁。

(24) 布村一夫『しべりや小史』、大連日日新聞社、一九四二年、一～二頁。

(25) 布村一夫『しべりや小史』、六一頁。

(26) 石原通子ほか編「石堂清倫先生の二〇世紀屈折のあと」、熊本女性学研究会編『新女性史研究』第四号、一九九九年、二六頁。ちなみに、石堂清倫は、自著『わが異端の昭和史』勁草書房、一九八六年、二三九頁において、満鉄時代の布村について次のように回顧している。「何といっても変り種は布村一夫である。この人はモーガンの『古代社会』その他の研究に没頭し、人事係の説によると社業なんか何とも思っていないのでどこにおいていいかわからない。私の係で使う気はないかということで図書館の書目係にまわしてきた。社業を顧みないというのは誇張で、仕事などしたことのない人間はいくらでもいた。彼が後日日本有数のモーガン学者になったのは立派である」。

(27) 同上、二七頁。

(28) 小林・福井、前掲書、二二三頁。

(29) その証拠というべき資料は以下の二篇である。「宗教における苦と罪の区別」、「罪について――ときには思想史的に――」、ともに以下の文献に収録、大井正『フォークローアとエスノロジー』、二四七頁以降、参照。

(30) 大井正『未開思惟と原始宗教』、はしがきii頁。

(31) クロード・レヴィ＝ストロース、大橋保夫編、『構造・神話・労働――クロード・レヴィ＝ストロース』みすず書房、一九七九年、一六頁、二九～三〇頁。

(32) 大井正『未開思惟と原始宗教』、はしがきx頁。

(33) 大井正『未開思惟と原始宗教』、はしがきxii頁。

(34) 布村一夫『神話とマルクス』世界書院、一九八九年、三七一頁。

(35) 布村一夫『神話とマルクス』世界書院、一九八九年、三七九頁。

(36) 布村一夫の主要著作については以下の解説を参照。

石塚正英「布村一夫著作との出会い」、熊本女性学研究会編『新女性史研究』第四号、一九九九年、一頁〜一三頁。
(37) 一九九九年一二月二〇日付『毎日新聞』(夕刊)紙上での吉本隆明・加藤典洋の対談についてのこの文章は、私の以下の編著からの転用である。石塚正英編『二〇世紀の悪党列伝』、社会評論社、二〇〇〇年、五〜七頁。
(38) 石塚正英『歴史知とフェティシズム』理想社、二〇〇〇年、とくに第一章「Cultus——儀礼と農耕の社会思想史」参照。
(39)『ヴィクトリア滝・大ジンバブエ遺跡』(『週刊ユネスコ世界遺産』、七四号)、講談社、二〇〇二年、参照。
(40) 大井正「インドネシアにおけるディナミズム学説の発展(二)」、『新亞細亞』、一九四三年四月号、二九頁。
(41) 布村一夫『しべりや小史』、六一〜六二頁。
(42) 小林英夫は次のように述べる。「満鉄調査部には二つの傾向があって、ひとつはマルクス主義をかなり原則的に適用しながら満州社会を分析していこうという考え方と、満州固有の独自性を考慮に入れながら満州社会を分析していこうとする考え方です」。小林英夫・福井紳一ほか「満鉄マルクス主義とアジア——小林英夫・福井紳一編『満鉄調査部事件の真相』をめぐって(前半)」、『情況』二〇〇五年八/九月合併号、二六頁。小林の分類について、いま仮に、マルクス主義を適用しながら満州社会を分析する考え方＝A、満州固有の独自性を考慮に入れながら満州社会を分析する考え方＝B、とする。これによって二者の関係を分類すると次のようになる。外来派・資料課派と称するAは、三九年以降に大量採用されたグループで、多くが賃金の低い嘱託の非エリートで構成され、鈴木小兵衛がその典型。経済調査会派、いわゆる経調派と称するBは、帝国大学卒の正社員エリートで構成された。大上末広がその典型で、ほかに渡辺雄二などがいる。そのどちらの派にも、文化面でヨーロッパ中心主義——あるいは文化の第一類型主義——でもってことに臨んでいた。出方が、A＝直接的か、B＝間接的か、の相違があるだけである。
(43) 石塚正英「日本語版刊行にあたって」、フレイザー著・神成利男訳・石塚正英監修『金枝篇』第一巻、国書刊行会、二〇〇四年、四四八〜四四九頁。
なお、私はすでに二〇年ほど以前に、自身で編集する『社会思想史通信』第八号(社会思想史研究会、一九八四年二月)に、次の記事「TRIBEは差別用語か?」を書いて、「部族」に関する差別的な使用に注目していた。「本年はF・エンゲルスの著作『家族・私有財産・国家の起源——ルイス・H・モルガンの研究に関連して』初版刊行百年目にあたっている。そこでなんとしても『家族』の問題を今年はつっこんで考えてみようと思っている。エンゲルスの当の作を原書で読んでみようかなとも考えている。そんな思いをめぐらせている折も折、一月八日付の毎日新聞（朝刊）に、東アフリカ・ケニアのキクユ人で三六歳のG・C・ムアンギ氏による次の発言をみた――「『クロンボ・クロちゃん』と呼ばれたら私は許さない。……『部族』も差別語やね。その英語のTRIBEには野蛮な人間たちという意味があるのですよ。……『部族』という言葉を人類学者が使うからマスコミも利用し、やがて一般の人が使うようになった。キクユ語には『部族』という言葉はないんですよ。――この記事をみたとたん、バッハオーフェンなどを訳している自分の足下が、何かぼーっとかすみそうになった。『どうしましょ？』という感じだが、会員のどなたか、ご意見をください」。同上、四頁。

この記事を書いてのち、私は「部族」や「～族」という表現に違和感をもちつつもそれらを使用し続けた。だが、フレイザー監修の時点になってようやく、学術語として使用する「部族（tribe）」「氏族（clan）」以外の、たんなる記述語としての「～族」を、あきらかな差別語とみなすこととした。それはちょうど、盲目の人に「盲目」としても自然であるが、なにか劣るものを形容する言葉として「盲目」「盲目的」とするのが差別につながるのと似ている。

（44）岡倉天心、桶谷秀昭訳解説『茶の本』、平凡社、一九八三年、七頁。

（45）常岡［乗本］せつ子、C・ダグラス・ラミス、加地永都子、鶴見俊輔編訳『日本国憲法を読む』柏書房、一九九三年、九九頁。

（46）「多様化史観（a diversification historical view）」は、歴史知的立場から新たな世界観・社会観を構想している私独自の概念であり造語である。この術語を私は、東洋大学人間科学総合研究所が同学で開催した二〇〇四年度公開シンポジウム「歴史の総合的構築」（二〇〇四年一一月二〇日）で初めて使用した。

［★戦争と学問―満鉄時代における政治的葛藤と文化的葛藤の差異―、『立正西洋史』第二三号、二〇〇七年。］

第五章

新たな科学論の構築へ向けて
――フクシマ以後における――

一　問題の所在

資本主義は生産の無政府性あるいは過剰生産を宿命とする。かつて、一九世紀から二〇世紀にかけて、それは約一〇年周期の経済恐慌を産み出すことで、結果的にではあるが過剰生産を社会的に調整していた。一九二九年世界恐慌を境に、その後過剰生産は政治的に調整されるようになった。国家が経済をコントロールすることで恐慌を未然に回避しようとしたのである。だが、その間、資本主義は生産規模を縮小したわけではない。アメリカは、第二次世界大戦中から①ゴム、繊維などの人口生産技術開発、②電気通信技術や計算技術開発、③原子力開発（新しいエネルギー源の確立）などを推進してきた。そして戦後には、修正資本主義的な需要拡大政策、エネルギー多消費型産業の形成を通じて、インターネット情報社会と大衆消費社会を確立したのである。いわゆるパックス・アメリカーナの完成である。その影において石油産出諸国・諸民族（OPEC・OAPEC）との対立が激化していった。そして、①ドル・ショック（一九七一年）、②オイル・ショック（一九七三年、七九年）、③ヴェトナム戦争敗北（一九七五年）のトリプルショックを被り、一九八〇年代には世界最大の赤字国に転落し、ついに④セプテンバー・イレブン（二〇〇一年九月一一日）の悲劇を引き起こすのであった。

こうして〈アメリカの平和〉時代は終焉した。けれども、その間に欧米で進められたエネルギー政策

—原子力開発—は留まるところを知らず、フランスで、ドイツで、ロシアで、過剰生産が維持され、国策としての原発ビジネスが隆盛を極めだしたのである。当該諸国政府は、環境問題が地球大で深刻化しているとのメディア情報を流布させつつ、あるいは二酸化炭素排出権売買を、あるいは原発技術商品ビジネスを国益追求の目玉としてきたのである。

資本主義の公正なルールに基づいてクリーンなエネルギーを扱うビジネスは悪徳でもなければ非合理でもない、という方向に民意を操作して続行されてきた原子力技術開発は、もう一つ、科学の中立性理論に支えられてきた。科学技術それ自体は善でもなければ悪でもない、善悪の問題は、それを開発する者・使用する者の価値観にかかっている、という観念である。あるいはまた、もし悪に傾いたとして、それは最初からの意図ではなかった、という観念である。あるいはまた、大善を為すのに小悪が派生するのならば、それは必要悪として甘んじなければならない、という観念である。

原発技術は百パーセント安全という日本神話がいともたやすく崩壊したフクシマ（二〇一一年三月一一日）以後、私たちは上記の問題、つまり人類滅亡の原因となる可能性が最も高い原子力技術を開発する者・享受する者における善悪・功罪の基準問題、これをじっくり考えなければならない時に至っている。これまで、私は科学技術の中立性問題を折りに触れて表明して来た。最初は、一九七〇年に書いた「学問論の構築へ向けて」の中で、原水爆禁止運動に関連させて言及した。(1) しかし、あれから四〇数年、大項目で論じたことはない。現在は東京電機大学で技術者倫理や身体科学を講ずるものの、当該問題に特化した議論はして来なかった。ところが、このほど当該問題を正面から扱った著作が翻訳刊行された。ジャン＝ピエール・デュピュイ（永倉千夏子訳）『チェルノブイリ・ある科学哲学者の怒り——現代の「悪」とカタストロフィー』（明石書店、二〇一二年、原著二〇〇六年刊）である。ついては、本書を座右において原子力技術に例をみる科学技術と社会の係りを、「善悪・功罪」「中立性」「カタストロフィー」「テクノ・セントリズム」などの観点から検討してみたい。

二　システム的悪

すぐれた技術や製品を保証する基準ないし条件は何か。それは利便性と安全性、経済性だけではない。もう一つ、倫理性がある。ここでは自動車の開発（モータリゼーション）を例にしてみる。自動車は低価格（経済性）で加速力や登坂力のあるもの（利便性）ほど良好だが、走っているうちにエンジンが加熱して発火するもの（安全性欠如）は困る。排気ガスが道路周辺住民の健康を害するものは困る。歩行者を危険な目にあわす道路拡張を伴うものは困る。ひいては社会的紐帯を破壊するようなモータリゼーション（倫理性欠如）ははなはだ困るのである。以上の困りごとを引き起こす可能性をもった技術を製品化するということは、技術者倫理を無視した行為である。これまで製造各社は、往々、技術革新による利便性と経済性の追求を優先してきた。安全性は二の次にしていた。倫理性は資本主義の正義からすると、取るに足らないものだった。安全とか福祉、環境とかは技術の倫理性を確保するのに不可欠の要素であるが、それらは利便性・経済性の前に名目的に掲げられるにすぎず、実際のところは利便性・経済性の犠牲にされてきたのだった。倫理性を軽視したモータリゼーションの行く先には、例えば二〇〇〇年に発覚した三菱自動車タイヤ脱輪リコール隠しが待ちかまえていたのである。ようするに、モータリゼーションは、近年になって改善されたとはいえ、大枠において諸領域における社会的紐帯を破壊する作用をも有するシステム（倫理性欠如）となったのである。

二〇〇七年の正月三日、NHKテレビで作家の五木寛之と塩野七生による新春対談が放送された。その中で五木は、日本における昨今の自殺者数に言及した。ヴェトナム戦争で戦死した米兵の数と比べてなんと多いことか、と生命の大切さを語っていた。苦しい時代、戦争の時代にはらう生命の犠牲、という切り出しだった。それに対して塩野は、日本社会の自殺現象を、平和の時代にはらう犠牲、と言っていた。五木は、平和にも代償が必要なんですかねぇ、と洩らしていた。塩野はなぜそのような発言をなしたのか。私が思うに、塩野が長年にわたって関心を示してきたローマ帝国の偉大さは、万民法で異邦人に寛容を示したことなのだが、それは圧倒的な軍事力で奴隷反乱や異民族反抗を抑えつけるという犠牲の上に実現していたのである。説得力ある塩野的な観点からすれば、年間三万人を超える自殺者の存在は、日本におけるコンピュータリゼーション社会を維持する必要悪＝犠牲を意味する。原因のトップは健康問題・経済生活問題であるが、その背景にはライフスタイルを公私にわたって根本から変えてきたコンピュータリゼーションがある。高度成長期におけるモータリゼーションが果たした負の役割を二一世紀にはコンピュータリゼーションが演じているのである。だが、自殺者の存在とその増加は、システムの観点からみて現代の高度情報社会が黙認しているのである。

さて、話題を原子力に戻そう。フクシマが生じるその日（二〇一一・三・一一）まで、日本の内外で、豊かさを維持する前提として潤沢なエネルギー資源を確保しようという動向が日増しに強まっていた。その目的実現の方途として、日本では原子力開発が国是としてシステマティックに推進されてきたのだった。日本の原発技術はチェルノブイリのように低レベルでありはしない、絶対に安全であり間違っても原子炉の事故は起きない、と政府関係機関は豪語してきた。事故の起きないものにリスクはありえない、存在しないもの、想定されないものへの対応マニュアルは要らない、ということだった。そのような認識の下で破局的な事態が発生した場合、その災禍の責任は何処にあると見るべきか。想定できないものに対する責任は、だれにもとることが出来ない。想定しないでいい構造に責任がある。その際、その構造を支えてきたものがエネルギーを巡る日本の社会システム（一極集中主義など）なのだった。そして、このような論点を科学哲学の領域で先鋭化させた人物がフランスのエコールポリテクニーク名誉教授ジャン＝ピエール・デュピュイであり、その代表作がこのほど明石書店から永倉千夏子訳で翻訳刊行された『チェルノブイリ・ある科学哲学者の怒り――悪意なき悪とカタストロフィー』である。訳者あとがきにはこう記されている。

「本書の提出する問題は、およそ次のようなものだ。（一）チェルノブイリというカタストロフィーは、何であったのか、被害評価を確定するものがかくも難しいのはなぜなのか（被害評価の不確定性）。（二）それを生んだ背景は何なのか（アーレントも言う『短見』に基づく行政システムが生み出すシステム的悪）。（三）それを自己正当化しリスクが現実化してさえ影響関係の有責性を科学的に『排除』する科学的合理性、（四）そのことが一般の人々のとらえる有責性と乖離していることに気づかない、もしくは気づこうとしない科学技術官僚（テクノクラート）の道徳的感受性の欠如、などである」[2]。

それでは、いよいよ本書本論部分に分け入って、必要箇所を引用しよう。

「我々は今日、巨大な悪は悪意が完全に不在であるところから引き起こされるということを知っている。巨大な責任は、完全な悪意の不在と対になることもあり得るということも。我々の生活領域に断絶をもうけるような巨大災害は、人間の悪意や愚行の所産というわけではなく、むしろ短見からくるものだ」。「この悪は、道徳的悪でもなければ自然的悪でもない――この第三のタイプの悪を、私はシステム的悪と呼んでいる。このシステム的悪の形体が、聖なるものの形体と相同であることを示そう。

かつて自然の要素によってても近親憎悪によってても引き起こされてきた悪は、人間にとって苦悩の源であり続けてきた。しかし、システム的悪はと言えば、それは人間にとっていささかも気苦労の種となることはない。おそらく、敵はあまりに近いところにいる。なぜなら、敵とは自分自身なのだから」。「我々は、知ってはいるが、自分たちの知っていることを信じてはいない。形而上学的立場としての覚醒せる破局論は、カタストロフィーの持つある特徴からくる障害を乗り越えることを目的にしている。それは、カタストロフィーが起こると信ずることができないという特徴である。そしてこの障害は、災い・悪はシステム的に存在するという点に基づいて考えるならば、乗り越えることができるのだ。災い・悪は我々の領域を越えている。災い・悪は、我々には運命のようなものである。我々からそれをより遠ざけておくことができるように、それを捉えようではないか。（中略）私は、自然災害と道徳的災害、環境災害についての考察を温めることとで、この概念を形成した。私に欠けていたのは、産業的災害のケースであった。それゆえ、私はチェルノブイリに来たのである」[3]。

長い引用となったが、私が一番注目するのは「巨大な責任は、完全な悪意の不在と対になることもあり得る」と、「敵はあまりに近いところにいる。なぜなら、敵、それは自分自身だからだ」のフレーズである。その問題をここでは戦争に置き換えて検討してみたい。

ある国家に徴兵された市民が別の国家の市民を殺害する事態、つまり国家間戦争で、このフレーズが出てきそうである。とくに、ヒロシマ・ナガサキの巨大な責任、これは国際法遵守下に行なわれる戦争というシステムの下で生じた悪なのであるが、発生の根原には自由（権利）と兵役（義務）を全うする国民＝自分自身が存在しているのである。そのようなシステム的悪から逃れるには徴兵忌避では解決にならない。それはシステム内における義務の放棄にすぎないからだ。原発についてはどうか。デュピュィは明確には示していない。「災い・悪は、我々には運命のようなものである。我々からそれをより遠ざけておくことができるように、それを捉えようではないか」と言うくらいの程度である。

それでは、せっかく「システム的悪」という造語を用意した意図なり目的なりが半分しか実現しないことになる。私はその先に向かいたい。「我々からそれをより遠ざけておく」方法は唯一、ジョゼフ・プルードンが一九世紀に言ったように行動することだ。すなわち、システムを能動的に維持している部分から、それを受動的に維持している部分が分離することだ。「労働者階級が、もしまじめに考えるのだったら、もし幻想でないものを求めているのだったら、しっかりおぼえていてもらいたい。何よりもまず保護者と切れることだ。これ以上、政府や反対派に深入りせず、今後は自分自身によって、自分自身のために行動することだ。権力をもっているとか、無力であるとかいうことは、交互的なことだ(4)」。

保護者と切れる、とはどういうことか。フランチェスコ修道士のように隠遁して暮らすことか。シモーヌ・ヴェイユのように、豊かで幸福な生活を離れ、劣悪で不幸な生活をおくる人びとの地平で自らも生き、死んでいくということか。あるいはボリース・ヴィークトロヴィチ・サーヴィンコフのように、諸悪の根原を抹殺するべくテロリズムを敢行するということか。

保護者と切れる、ということは、私なりに換言すれば歴史的な意味での近代ないし近代主義と切れることである。そのことを、ギニアビサウ解放指導者アミルカル・カブラルの思想を紹介しつつ説明しよう。

三　システム的悪からの脱却

二〇世紀、特にその後半、情報通信・交通運輸部門におけるハイテク・イノベーションの恩恵を受けて、諸国民ないし諸民族はいわゆるグローバリゼーションを達成してきた。通例「全世界の一体化」などと翻訳されるグローバリゼーションは、世界大で絶え間なく変動しつつ同時進行する政治的・経済的諸情勢を人々が的確に把握し、自身の行動に対する実際的にして合理的な目標ないし指針を確定しうるという点で、大きな利点を有する。個人や一団体の特殊にしてローカルな活動が情報のグローバルなネットワークに支えられ、多大な付加価値を産みだしていく。

しかしグローバリゼーションは、反面、スリーマイル（一九七九年）・チェルノブイリ（一九八六年）に先例をみる環境破壊といったマイナスの資本産出をも推し進め、資本主義的な市場原理に見合うよう、地域や風土に固有の文物制度や社会習慣、自然環境を世界各地でどんどん解体し劣化させてきた。そこで、今後はグローバリゼーションと切れるべく、クレオリゼーションに着手することである。経済や文化のグローバリゼーションがここかしこで展開するようになれば、発展の段階や類型を異にした種々さまざまな経済や文化の相互接触が見られ、そこに個性あふれるクレオリゼーションが併発すると考えられる。クレオール的な文化は、二〇世紀にはアジア・アフリカ・ラテンアメリカといった政治経済的マイノリティ・周辺地域にしか妥当しないように思われていた。しかし二一世紀の今日、欧米の価値基準に基づいて展開してきたグローバリゼーションはもはや欧米の人々にすら豊かな実りを保障しなくなっている。一年間に三万人前後の自殺者を記録するようになった日本は、どう取り繕おうが、豊かな国であるはずがない。今こそ、価値基準の多様性を特徴とするクレオリゼーションへと発想や方針を転換するべきなのである。

ところで、アフリカの指導者たち知識人たちは、〈ユーロ・アメリカン・スタンダードとしての近代〉を早くから拒絶していた。その代表にギニアビサウ解放の指導者アミルカル・カブラル（一九二四～七三年）がいる。(5) 彼は、宗主国ポルトガルからギニアビサウの独立を勝ち取るに際して、指導理念として「文化による抵抗」を掲げた。カブラルにとって文化は、アフリカ人民のアイデンティティとディグニティに深くかかわる。それは闘争によって生まれ、また闘争そのものを引張っていく。カブラルにとって優れた文化とは、ただそれのみという固有性の中に普遍的なものを体現する、そのような価値を有する文化、いわば「絶対的文化」である。他との比較における優劣でなく、人類に普遍的と評価されることがらと一民族に固有と評価されることがらとの双方不可欠なものの体現度をみての一文化内的な優劣である。

カブラルは諸民族の「文化の差異」に注目する。その度合いが大きければ大きいほど、一民族が他民族を征服・支配しにくくなるという。したがってまた、その差異が大きいほど、抑圧者に対する被抑圧者の抵抗運動が強力となる。その際、カブラルは文化の差異に注目するのであって、文化の高低を云々しているのでない点が重要である。彼は個々の民族に備わる文化を、絶対的文化――他との比較でなく、比較しえない唯一性を備えた文化――とみて、これを民族解放闘争の武器、抵抗運動の環とする。カブラルの理論からすると、アフリカの人々がもし欧米の物質文明を摂取したとしても、それはアフリカ文化の中に欧米文化を呑み込む行為としての摂取であって、同化としてのそれであってはならないのである。カブラルの用語で表現するならば、森（生活文化・生活環境）を豊かにする欧米文化はすすんで摂取するが、森を破壊する欧米文化は断固として拒絶するのである。

このように見てくると、近代においてイギリスを先頭に形成されたヨーロッパ文化＝近代ヨーロッパは、アジア・アフリカ・ラテンアメリカ諸大陸の諸民族・諸文化にとって普遍的な目標を内包しているようには思われなかったといえる。例えばアフリカ文化は、一度はヨーロッパ文化によって原始的と卑下され破壊されさえした。しかしカブラルはギニア・ビサウ民衆に対し、そのようなヨーロッパ文化を呑み込んで〈精神の再アフリカ化〉をはかるよう求め、民衆はそれを実践した。こうしてヨーロッパ文化はアフリカ文化に包摂され、さらには多文化共生という特徴をもつ総合的にして連合的な文化によって包摂されることになったのである。総合的といっても、それは単一統合や一極集中を意味しない。ヨーロッパ文化もアフリカ文化も、ともに固有性の中に普遍的なものを体現し、多元的な特徴をもつ連合的文化の一部分となるのである。

戦争との関連で言えば、欧米文化に端を発する日本国憲法（第九条）をナショナルな枠から離脱させ、全世界のもの、トランス・ナショナルなものとすることである。そのことはデューイの主張と一致する。「解決法は、たとえ法をつくるのが人間であり、それができるのも人間であるとしても、法を人間の気まぐれや情熱の及ばぬものとすることである」(6)。こうして、ヨーロッパ中心的な文化史＝世界史は、いまやアジア・アフリカ・ラテンアメリカ諸大陸の諸民族・諸文化によって深く耕されることとなり、その先にあらためて普遍的で連合的な文化史＝世界史が再構築されることになる。いまや、横倒しの世界史(7)がポジティヴに再生されようとしているのである。デューイが理論化した「システム的悪」からの脱却を私なりに提案すれば以上のようになる。

四　目に見えない悪

さて、ここで「目に見えない悪」の問題に入ろう。まず、デュピュイの言う「目に見えない」とは、巧妙に隠されているから見えないというものでなく、五感では察知できないというもののことである。「ウクライナやベラルーシの美しくも放射能に汚染された景色の中を辿ると、身がこわばる。何の痕跡も見えないからだ。災禍の跡すなわち災い・悪は目に見えない」(8)。デュピュイは本書の中で、悪に関連してこうも記している。原発推進支持者のジョルジュ・シャルパクの著書『チェルノブイリからチェルノブイリへ』へのコメントである。

「シャルパクは、ノーベル物理学賞の受賞者で、科学を大衆の理解可能なものにするべく常に先頭に立ってきた。アレバ社の倫理委員会の委員でもある。その彼の見解に意味がないとは思われないだろう。さて私は表紙から四ページ目に何を読んだのだろうか。『我々は、新たなるチェルノブイリを避けて通ることはできない。人類は、来るべき数十年の間に、何十億人もの人口増加をみるだろう。それゆえ、原子力エネルギーは、これまで以上になくてはならぬものとなっている。しかし、チェルノブイリの事故では、何万人もの死者を出したはずだ。』一読して私は納得した。この推定は正しいものであり、きわめて合理的であると同時に倫理にも適っている」(9)。

原発推進支持者の意見とみれば、こちらはいわば「必要悪」のようである。塩野七生のいう平和の犠牲と同種である。何十億の生存の為には何万人もの犠牲は受け入れざるを得ないリスクだということである。もっとも、デュピュイはここで「しかし、チェルノブイリの事故では、何万人もの死者を出したはずだ」の方に力点を置いて甚大な犠牲者が出たことを懸念するシャルパクをプラスに評価している。必ずしもシャルパクを批判的に論評しているわけではない。私はここではデュピュイとは別の読みを行なっている。

ところで、目に見えない存在の代表は神であろう。これは信仰しない者には見えないが信仰するものには心の眼で見える。悪魔はどうか。これとて、信仰しない者には見えないが、信仰する者には心の眼でみえる。放射線という目に見えない悪に立ち入る前に、神と悪魔、あるいは正義と邪悪、その対概念に関して検討したい。

前近代人や野生人のおおらかな性格と対照的に、現代人・文明人の多くは一面的に正義を愛し排他的に悪を憎む。例えば、ファシズムを一面的に非合理主義＝悪に結びつける。けれども、そのファシズムは民主主義の時代に民主主義を必要条件にして成立したのであった。合理主義＝正義、非合理主義＝悪、という分断的発想は、必ずしも成り立ち得ない。

第二次世界大戦中イタリア解放のパルチザンとして活躍したキューバ生まれのイタリア人イタロ・カルヴィーノは、一九五二年に寓話的短編小説『まっぷたつの子爵』を発表し、その中で次のような寓話を挿入した。「トルコ軍の大砲に、子爵はふっとばされて、体がまっぷたつ、半身になってしまった。しかも、その半身は悪の部分がつまって、領地へ帰ってきたものだから、領民は大迷惑。ところが、残りの半身も、やがて帰ってきた。こちらのほうは、善の部分だけがつまっているのだが、それは領民にとっては、悪の半身以上に、迷惑な存在だった(10)」。

「善」とか「悪」は、言葉として発せられた瞬間に、何かわかったような気になるものである。言葉は、それが具体的なものを指すのでなく理念的なものを指す場合、一人歩きしてフェティシュなはたらきをすることがある。「愛」「平和」「憎悪」「不幸」、そうした言葉に接すると人は、具体的現実という契機を省いて、いっせいに同じような価値判断をしてしまう。あるときには合理主義が悪とみえ、あるときには非合理主義が正義とみえることは自然な成り行きだということである。私の研究テーマ「価値転倒の社会哲学」「フェティシズム」からすると、ものごとは関係論的に観察される。正義も悪も、普遍で不変の実体や本質があると考えるのでなく、さまざまな個人間や組織間、国家間において交互的・相関的に決定される間主観的概念なのである。デュピュイは彼なりの見解を述べている。「ミシェル・セールの言葉を借りるならば、合理的なものは非合理的なものの中に稠密に存在し、非合理的なものは合理的なものの中に稠密に存在するのである[11]」。

かつてイギリスでは、主権者の国民は国内では同質的個人として政治的自由を分有していた。けれどもその同じイギリス国民は、インド等海外植民地住民に対しては民族的同質性の外におき、政治的自由を与えないでいた。すなわち、国内という関係では民主主義であるものが国外との関係では排外主義として機能する。また、一九三〇年代四〇年代のドイツ国民は、同一国内からユダヤ人など非ゲルマン人を排除して失業者を六〇〇万から一〇〇万以下に減らした。ゲルマン人だけで国民投票を実施した。すなわち、ゲルマン人の内部では投票率百パーセントに近い理想的な民主主義であるものが、ユダヤ人や侵略相手国との間ではファシズムとして機能したのだった。ある制度や理念は、ある関係ではポジティヴに作用し、またある別の関係ではネガティヴに作用する。そのどちらか一方を切り離してしまっては、当該の制度や理念は認識不可能である。

二〇〇一年ニューヨーク九・一一以後、アメリカ政府は欧米＝キリスト教＝正義、アラブ＝イスラム教＝悪の分断を強調した。その姿勢はトランプの登場によって一層強まった。しかし、多文化共生の二一世紀にふさわしくない。他者のアイデンティティを尊重する精神がせつに求められている。ところで、アイデンティティには、個人的なものと集団的なものがある。人は、あるときは集団の中に安堵をもとめ、またあるときはそれを個人の中に求める。このように、集団的アイデンティティと個人的アイデンティティは交互に行きつ戻りつしているのである。問題は、双方のどちらかに加勢することではない。双方を行きつ戻りつする運動の中に浮き上がってくるアイデンティティ、あるいは、個人=人格を基本単位とした上での、そうした個の連合としての集団的アイデンティティ、すなわち「間主観的アイデンティティ」を獲得することである。

さて、放射線であるが、これは見えないのだから、原発近辺の汚染地帯であっても、日常生活のレベルでは存在しないも同様である。あるいはその存在を知らされなければ「存在しない」のである。デュピュイは言う。「活動する清算人たちを写した写真もある。二分以上いると致死量の放射線を浴びる恐れのある原子炉の屋根の上で。目には見えないが致死量の放射線を放出している巨大な開口部に砂とホウ酸を投下するヘリコプターの中で。遠隔操作の機械――その回路は放射線で焼かれるであろう――を操作する人。トラック、残土、残骸、もつれたホースなどの墓場。それはカオス、恐怖である[12]」。

事態や状況を以上のような場面にあてはめるとして、汚染地帯の生活者は次のようである。「飢えたままでいるか、それとも自家生産物を口にして死に至るかという悲惨なジレンマの中で、どう生きていったらよいのだろうか[13]」。文字通り、目に見えない悪に仕掛けられたジレンマである。レイモンド・ブリッグス原作のアニメ映画『風が吹くとき』（日本語版監修・大島渚、一九八七年）を見た人は知っていよう。イギリスの田舎で余生を送っている老夫婦は核ミサイル戦争の犠牲となるがその場を離れず、放射線が二人を蝕み続けるが日常生活を全うして死んでゆく。見えない悪に身体は破壊されつくすが、人格のアイデンティティと精神のディグニティは破壊されずに、である。

見えない悪に立ち向かう、その構えは、一人（私）の個人的アイデンティティを基盤とし、これともう一人（あなた）の個人的アイデンティティとが交互する「間主観的アイデンティティ」の形成を促すであろう。そのとき、あなたは「もうひとりの私（アルター・エゴ）」となる。そのようにして私たちが立ち向かう先、相手はカタストロフィーとテクノ・セントリズムである。

五　カタストロフィー

デュピュイは本書の中で頻繁に術語「カタストロフィー」を用いる。訳者は一部で、これを「大惨事」[14]と翻訳し、それ以外の箇所ではすべてカタカナで表記している。本文から使用例を拾ってみよう。

「チェルノブイリの大惨事に起因する死者の数の見積もりは、通常ではあり得ないほど幅広く分散している。何しろそれは一から一万までの幅にわたっているのだから！　私が示したのは、この著しい乖離はまさに、低線量の放射線の影響をどうとらえるかについて対立する見方が存在するということからきているということだ。ある人は、ある値を下回ると病気の罹患率および致死率が正確に言えばゼロに等しくなるような値が存在すると考えており、別の人々は、健康に対する影響は、取るに足りぬような線量であっても、被曝した線量に比例すると主張している。チェルノブイリの大惨事を総括する公式報告では、原則として後者の比例するという見方が採用されている。しかし報告書は、その見方を被災した住民のきわめて限定された部分集合に当てはめているにすぎず、今日もなお低線量にさらされている数百万の人々は排除されているのである。このようないかさまは本当に言語道断だ。そしてそれは（フクシマ以後の―石塚）日本の場合にも繰り返されるおそれが十分にあるのだ[15]」。

私は、カタストロフィーについて、私なりの定義をもっているが、それを翻訳するならば「大惨事」よりも「破局」がふさわしい。それはそれとして、カタストロフィーには大きく分けて二つの類型がある。一つは現象のそれ、今一つは心理のそれである。フクシマを例にすると、当時の民主党政府は、後者の拡大を恐れて前者の詳細を隠蔽した。チェルノブイリもスリーマイル島も大枠では同じである。デュピュイは力説する。

「核の支配者たちは、自らの機械を恐れているわけではない。彼らが恐れているのは人間の恐れである。彼らは、この人間の恐れが次々と『連鎖反応』を引き起こすという形で彼らの機械と同じように働くと見ている。しかし彼らは、物理学の法則に従う以外にない中性子ならばコントロールできると思っているが、人間の非合理性を前にしては自分たちが無力であると認めるだろう。なぜなら、いかなる法も人間の狂気の沙汰は押さえられないのだから。人々のパニックを目の当たりにすると、彼らは恐れを抱き、なす術もなく、機密を守ろうとする。もっとも、時としてそれは嘘である場合もあるのだが[16]」。

人は、カタストロフィー（大惨事・大災害・終末的破局）が起こると予感すると、これを回避するか、乗り越える方法を考えだそうとする。しかし、回避できたり乗り越えできたりすれば、それはカタストロフィーではなくなる。絶対に回避できず乗り越えられないもの、それがカタストロフィーである。したがって、カタストロフィーは結果的に認識できるだけである。そうであれば、いっそ、カタストロフィーを察知しないシステムを構築するのがよいこととなる。デュピュイは知己の一人から以下の言葉を聞かされた。「チェルノブイリは、ソヴィエトの事故であって、原子力の事故ではないのだよ[17]」。ソヴィエトの事故なら回避や乗り越えが可能だという意味になる。反面、もし原子力の事故であればカタストロフィー＝人類破滅ということを意味する。

しかし人間社会は例外を設定して生き延びようとしてきた。歴史上というか神話上というか、かつて、カトストロフィーをマイナス（人類滅亡）からプラス（人類救済）に転じる方法が考案されてきた。神話的ファナティシズムと歴史的ファナティシズムである。前者は神が激しく怒るところから発生した。前者は、ほんの人にぎりの人間しか生き残れなかったもので、ノアの洪水がその典型である。後者は、自国内外の異教徒・異民族は人間ではないとの観念を下地にしたエスノサイドやジェノサイドである。あるいはまた、成功したためしはないものの、敵対する者への無差別暴力をもってする革命なども後者に括ることができるかもしれない。二〇〇一年九月一一日にニューヨーク・ワシントンで同時発生した大惨劇は、アメリカン・グローバリゼーションに追い詰められた諸勢力には世紀の吉報だった。その後アメリカのブッシュ大統領は、なかばアルカイダへの報復の一環として、またなかば石油利権の独占をねらって、二〇〇三年三月から国連決議を経ないまま「悪の枢軸」すなわちフセイン独裁下のイラクを武力攻撃し、甚大な数の民間人死傷者をだした。これはアメリカ国民の心理からカタストロフィーの不安を払拭する対症療法だった。

さて、原子力はどうか。事故であれ事件であれ、原子炉が破壊され放射線が世界に飛散したならばカトストロフィーはマイナスに作用し、地上はせいぜい「猿の惑星」（ピエール・ブール原作のアメリカ映画）となるくらいだろう。だが、科学者はそうならずに済む手立てを確保できると信じている。それには一つの条件がある。民衆の側にカタストロフィーを予感させるような情報を与えないことだ。万が一、それが核の専門家（テクノクラート）の外部に漏れると、社会は群衆パニックに陥る。だから、「チェルノブイリは、ソヴィエトの事故であって、原子力の事故ではないのだよ」と言い放つのが最善なのだった。

一度パニックが起これば、対症療法はないことを専門家たちはよく知っている。フクシマの惨劇は想定外の地震と津波によるものであり、核技術それ自体に原因はない、と結論するにはあまりに無様な事後展開となった。にもかかわらず現在のところ日本にパニックが生じていないのは、専門家の力量によるのでなく、その後同規模以上の地震が発生していないからにすぎない。

ルネ・ジラールを愛読するデュピュイは、九・一一に関連して以下の発言をなしている。「なぜアメリカ人たちは、かつてツインタワーがそびえていた場所を『聖なる空間』と呼ぶのだろうか。おそらくは一つの野蛮な行為が二一世紀の恐怖への扉を開いたその場所で、彼らはどんな聖なるものを崇拝しているのだろうか。思うに、テロリズムの行為の場所を聖なるものにしているもの、それはその行為の舞台となった場所で行われた、暴力そのものである(18)」。

一方では「リメンバー・パールハーバー」とも「悪の枢軸」とも叫んで報復戦争を支持するアメリカ人がいる。しかし他方では、グラウンド・ゼロを崇拝するアメリカ人、自らコントロールできない、予期せぬ暴力の前に、自らが跪くアメリカ人がいる。因果を突きとめられない現象は科学者の判断の埒外に置かれる。あとは、その場その時の風土的心理や時代思潮に任せるのみである。そうであるならば、その後はジェームズ・フレイザー『金枝篇』の中に記された動物崇拝に「聖なる空間」信仰原因探索のヒントを探すこととなる。目の前でどうすることもできないまま、ワニにわが子を食い殺された母親は、以後、そのワニのウロコや歯を守護フェティシュに選定するのである(19)。

六　テクノ・セントリズムの終焉

デュピュイは本書の中で、科学批判、専門家批判を行なっている。「専門家たちは、自分たちが何をしているのか、考えていない。それが最大の危険なのだ」。「私があえて示唆するとすれば、専門家による評価を望ましい方向に改革するためには、専門家を志望する者には皆、しっかりした哲学の基礎的訓練を受けることを義務づける必要があるのではないかということだ」。「科学は中立であるどころではない。科学は、それ自体のうちに、一つの意図を持っている。科学は一つの形而上学を現実に完成させたものだ。」「テクノクラシーはこのような保障（原子力の安全性―石塚）を与えることに関しては、無能である。その理由は本質的なもので、状況によるものではない。それは、テクノクラシーは、さまざまな人間的現象のうち非合理的と判断したことには意味を与えることができないということなのだ[20]」。

デュピュイは専門家を俎上にのせるが、ここで私は社会のオピニオン・リーダたちをそうする。核の研究とその応用に対する否定的論者の多くは、核の誤用ないし核戦争は地上の全人類とその文明をもろともに絶滅させてしまうという内容を根拠に議論をする。また、核の研究とその応用に対する肯定的論者の多くは、原子力の安全性は日進月歩の勢いで高まっており、全世界を一気に破滅に導く意味での核の誤用を想定する方こそ、常軌を逸しているという内容で反批判を展開する。また前者の多くは、核の汚染によって地球上を数十億年前の微生物の世界に引き戻してはならない、と警告し、後者の多くは原子力（科学・技術）を放棄して地球上を原始人の世界に引き戻してはならない、と警告する。

こうした議論に接するとき、我々は核をめぐる諸問題はなにか純粋に自然科学上の問題でしかないような錯覚に陥る。つまり、核使用上での百パーセント安全性も、その予想の外での失敗も、ともに科学研究のこんにち的ないし近未来的〝水準〟にかかっている、という具合である。そのような議論の土俵にのっかると、例えば核廃絶運動の〝正当性〟の証明――すなわち核の〝安全性〟――は現代科学の神話である、との決定的な証明は、地球的規模での核汚染と人類滅亡の体験以外に不可能となるのである。スリーマイル島やチェルノブイリ、フクシマでの〝前兆〟を持ち出してみても、それはたんなる初歩的なつまずきでしかなく、また将来的に完成された核エネルギー機構からみたなら、ジョン・ケイとワット以上の落差がある、との反論が提出されよう。その方が、科学技術の威力に絶大な信頼をおく現代人に対しては、説得力を増すのである。ようするにとにかく、核を人類の利器にするか武器にするかという議論とは別個に、たとえ原子力の分野に限定してであれ、科学技術の進歩の度をストップさせることは問題解決のキーを宇宙空間に放出するに等しい、というところにおさまるのである。してみると、反核運動というのは〝いまラダイト運動〟にすら見えてくる。

ところで、もっとも熱心な反核指導者・運動家の中には宗教人がいる。核廃絶運動を推進する人びとは政治家や思想家、社会運動家である必要はない。〝この緑豊かな地球を救え！　人類絶滅を許すな！〟のスローガンは、資本主義・社会主義などのイデオロギーを超えている。その手法は一にかかって危機意識による反核派＝反体制派の煽動である。核に代え得る新エネルギーを即座に提示し得ない以上、反核指導者の目標は、結果的には核開発以前の昔への回帰ということになるのである。その論旨を誇張して述べれば、原子炉によって各種の人工放射性同位元素が大量生産されるようになったおかげで達成された医学上の進歩――放射線療法など――もまた、捨て去られることになる。原子力開発の中止によるダメージはそれほどに大きい。

それでは〝いまラダイト運動〟のごとき核廃絶運動は、まったくの徒労、〝社会の迷惑〟でしかないのか。

実状は違うであろう。現在欧米そのほか各地で組織されている核廃絶運動には、たいへん重要な世界史的使命が備わっているのである。あげつらっているスローガンはなるほど終末論的なイメージ、反文明的な装いでプンプンしている。だが、核廃絶運動は、既存の体制総体への反抗に向かうのだ。〝いまラダイト運動〟は、核打ち壊し運動をするつもりで、実は既存の世界秩序打ち壊しへと歩を進めていくのだ。技術を憎むつもりでいて、実は技術のこんにち的保持者・制御者を憎んでいるのだ。一部の核廃絶指導者は、なるほど核の廃絶は望むが、これを凌ぐような――環境汚染を伴わず再生産可能であるような――新エネルギーの開発へと向かう先端技術には絶大な信頼を置いている。ようするに、こんにち以後の核廃絶運動の狙いは、技術の進歩の停止としての核廃絶というのではなく、技術の革新、そのかぎりなき運動の先に生じるであろう核廃絶に定められるべきなのである。またそれと同時に、欧米ほかの原子力行政を批判することによって、技術の担い手の変革、技術の革新を生み出す能力ある社会への移行に定められるべきである。これこそ、先に私がプルードンを参考に述べた、近代からの分離の内実なのである。

一九七〇年に私は、〝学問＝科学はイデオロギーを内包する〟と書いて、学問の中立性がペテンであることを説いたが、その立場は現在も不変である（本書第二章・第八章参照）。

「支配イデオロギーをつきくずす思想は如何なる意味があろうとも支配イデオロギーではなく、対立する反逆思想とみなされたのである。科学の『中立性』自身は、主張そのものが思想だった。支配者は、己れに害なき（あるいは利ある）思想に対しては、その思想の『中立性』を必ずしも要せず、しかも『中立性』の幻想をうえつけ、支配の思想を万人に普遍的利益を与えるものとして宣伝する。思想の『中立性』は常に思想の『支配性』を隠蔽するために用いられるのである。ガリレオは『科学は中立である』

と信じていた。その宣言はローマ教会には何の役にも立たなかった。そのことは、ガリレオの主張が真に『科学＝学問』を理解していたのではなく、かえってローマ教会こそが真に『科学＝学問』のもつ意味を歴史の中で示したにすぎなかったのである(21)」。

私にしてみると、核廃絶運動はまさにイデオロギーの転換による〝科学の変革〟を促すものなのである。学問＝科学・技術は変革されてこそ時代に奉仕するものとなる。二一世紀のそれはハイ・テクノロジー至上主義（テクノ・セントリズム）やエネルギーの一極集中主義をイデオロギーとしたのでは、社会を破壊してしまう。さまざまな意味でハイブリッドである必要が生まれている。私の術語では「ローカル・テクノロジー」「ローカル・エナジー」となる。

世に謂うローテクとは、旧式の技術のことをさす。そうであるなら、あらゆる技術は開発当初はハイテクであっても、遅かれ早かれローテクになりさがる。ハイテクとローテクについて、そのような定義をしたのでは、二つの言葉に固有性が生まれない。そこで、技術を自力＝ローテクと他力＝ハイテクの二つに区分してみてはどうだろうか。停電しても関係なく動く技術：人力車・人力発電などは自力技術である。それに対して、停電したら動かない技術：電気・電子製品一般は他力技術である。あるいはまた、身体の（自然な）動きを維持し補強する技術ならローテクであり、反対に身体の（自然な）動きとは相対的に別個の動きを作り出す技術ならハイテクである。

動力で分類すると、自転車に代表される人力（物理的）機械はローテクで、電気洗濯機・冷蔵庫などの電動（電気的）機械や携帯電話・デジタルカメラなど電子（IT的）機器はハイテクである。そのほかのエネルギーでみると、自然力（太陽エネルギー・水力・風力・火力など）はそれのみであればローテクに関係し、電気力（電磁誘導によるエネルギー）や原子力（核融合および核分裂によるエネルギー）はハイテクである。

おおきく概念区別をすると、ローテクは人の不健康と苦痛を軽減し心を豊かにする。それに対して、ハイテクは人の健康と楽しみを増幅しモノを豊かにする。どちらも大切であるが、ハイテクは、ローテクと比べて環境破壊をもたらす傾向が強い。そのことを踏まえるならば技術の基礎はいつまでも廃れないローテクであろう。優れた技術は永続的にして普遍的なのである。

けれども、技術にはロー・ハイ二種にくわえ、もう一つある。地域に根ざした技術という意味でのローカル・テクノロジーである。これは上記二種の技術ロー・ハイのいずれをも取りこむ。地域にとって相応しい技術であれば、ローもハイも併用し、ドンドン取り込み、ユニット（結合）し、アマルガム（融合）にする。それが、資源問題と環境問題の壁にはばまれている二一世紀人の選択するべき技術革新というもの。資源の地産地消に資する人と技術の地産地消を確立しようではないか。

たとえば、かつて農山村において粉引きなどの動力に用いられた水車は、現在ではマイクロ小水力発電に転用されている[22]。都会の駅では、改札口を通過する乗客が踏む圧力で電気をおこしている。いずれもロー・ハイのユニットである。あるいは、伝統的建築技術で建てられた木造家屋のいくつかは、数百年の風雪に耐えて現存している。そのようなロー・ハイのユニットこそ、エネルギー自立（サスティナブルな地産地消）を取り込んだローカル・テクノロジーなのである。リスクは最小限に抑えられ、かつそれらは十分克服可能なものである。

それに対して、従来クリーン・エネルギーの代表とされてきた原子力はどうか。「エネルギー白書」二〇一一年度版ほかをみると、ひとたび大災害を引き起こした今となって、環境への被害リスクはどの化石燃料もおよばないほど甚大となっている。また、こうした災害が生じるパーセンテージも、人が一年間に被る自動車事故よりも高いのである。原発稼働中のリスクのみならず停止中のそれも著しいのである。原子力エネルギーはオール・オア・ナッシング（制御できれば最大利益、暴走すれば人類滅亡）のリスクを秘めているのである。

以上の議論をまとめると、次のようなフレーズになろうかと思われる。ローテクは人を豊かにし、ハイテクはモノを豊かにしてきた。それに対してローカル・テクノロジーは人と人の関係を豊かにする。ローテクとハイテクとをうまく連動させようではないか。その先に、伝統的生活様式とオール電化の生活がリンクする。ハイテク・オンリーで電化された生活空間には低周波音被害などが潜んでいるが、ローカル・テクノロジーのハイブリッド生活空間には特定周波音だけが響くという状況は考えにくい。

七　有限性の自覚

デュピュイは本書の中で「有限性」の自覚を読者に促している。「運が我々にとって予測不能であるのは、〔考察すべき事象についての―訳者〕知識が不足しているからではない。それならば、より研究を進めれば埋め合わせることができるだろう。そうではなく、我々は有限の存在であるために、ただ無限に計算することのできる者だけが先取りすることにできる未来を、我々には永遠に予見できないからなのだ。明らかなことだが、我々の有限性は、我々に知識が不足していることと同じ意味で有限なのではない。我々の有限性とは、所与の人間の条件であって、それは乗り越えることができない[23]」。

この問題を考えるとき、私は古代ローマの思索家セネカを思い出す。イエスと同世代のセネカはスペインのコルドバに生まれ、成長するとローマに出て、ヘレニズム思想とりわけストア派の自然哲学を学んだ。ヘレニズム思想はコスモポリタニズムの立場に立ち、政治的関心よりも個人の心の平静（アタラクシア）を重んじる個人主義的傾向を示したとされる。ローマで帝政が確立した頃に出現したセネカは、圧倒的な軍事力で奴隷叛乱を抑え込んでしまったローマに対して、深い疑念を感じていた。彼は、もはや共和制期のキケロのように、ローマにバラ色の期待をかけるわけにはいかなかった。ネロ帝の側近でもあったセネカは、現にある帝政ローマ＝国家（civitas）とは別個に、何ら人為的な規制を受けることのない、自然的、原初的な人類を想定し、その集団を積極的に「社会（societas）」とみなした。その地域はローマの版図に含まれない。カエサルによってすら占領されなかったアルプス以北のゲルマーニアや、ダキア、サルマティアなど、野生的な非文明人の住む地方である。

セネカが好意を示したような野生の諸民族は、たとえギリシアやローマの文明によって教化されても、意識下の底では原初的にして本原的な精神を捨て去ることがなかった。いや、本原にかかわる精神であるから、およそ捨て去ることなどできないのであった。それと同様、文明化したはずのギリシア人やローマ人――とくに文明の矛盾を直観した知識人やそもそも文明の踏台にされていた下層民――にもまた、その本原的精神は忘れ得ぬものなのであった[24]。その際、セネカはプラトンのイデアに裏打ちされるような観念世界に重きをおかず、野生的な非文明人の住むゲルマーニア地方などで有限の生活を送る人々の社会に重きをおいたのだった。

有限の自覚、それは近代、科学の時代において欠落しだした。永遠・無限に存続すると意識されたパックス・ローマーナ、それは二〇世紀、パックス・アメリカーナに引き継がれたかのようであった。だが二一世紀、九・一一と三・一一がその意識を最終的に潰したのである。デュピュイは本書の中で有限とか偶然とか、不確実性とか、そのようなことを原子力にかかわる人びとに訴えかけたいのである。私はまったく同感である。

有限とか偶然とか、不確実性とかに関連して、ここで今一つ、人間学研究の現在に言及しよう。例えば、生身の人間の場合、心＝精神を筆頭に、未知の部分があまりに多すぎる。その意味で、人文社会系からせまる人間科学には、常にある種の限界がつきまとう。ところが、現に開発されたヒューマノイド・ロボットならすべて解明されたデータしか持ち合わせない。そこで、とりあえずは家庭でのコミュニケーションに活用するべくロボットを限りなく人間に近づけていくとして、その結果として、生身の人間、心身をそなえた人間そのものがしだいに解明されていくことになる。

そのような将来を展望した場合、まずもって人間工学や身体科学、人間科学といった複合科学的な研究の進展が待ち望まれよう。これらの学問を通して私たちは、人間の心理的ないし生理的な特性および身体的な特性を分析し、認知主体でありつつ認知対象ともなっている人間を研究し、人々が正確かつ安全で容易に操作できる機械・器具を開発し、労働に適する生産システムを設計することができるのである。これは学問分野の文理一体不可分の概念・領域への再統合である。一見、学問が元来哲学として一つであった時代にもどる印象を受けるが、そうではない。一度細分化された諸領域ないし諸学問を前提として、その上に新たな複合的科学の領域をうち立てようとするものである。応用レベルでの複合でなく、基礎理論からの複合・連合を特徴としている。一括りにして表現すると、「認知・身体科学」となろうか。

人間社会は複合的に、あるいは循環しながら進展するものだという事例を、産業社会に拾ってみよう。二〇世紀前半の産業は、フォード社の創業者ヘンリー・フォードの考案した大量生産技術・分業システムに象徴される。例えば彼は、一台のクルマを生産するのに、当初は南米でゴムまで栽培した。タイヤの原料を確保するためにだ。その後タイヤ専門の企業が生まれ、石油をエネルギー源にして重化学工業部門が拡充していき、人造ゴムもできた。このように、二〇世紀は産業の分業化（ダイヴァージェンス）によって進展したのである。また、二〇世紀後半はコンピュータ産業にシフトしていく。それは例えばIBM社のIT技術（ハードウェアから出発）とマイクロソフト社のIT技術（ソフトウェアに特化）に代表されるが、これも一種の分業である。その間に、産業構造はエネルギー多消費型から知識集約型に転換していった。その方向を象徴するサービスとして、例えば携帯電話・スマートフォンがある。ケータイには、通話、メール、カメラ、ネット接続ほか様々な機能が付加・集約されている。これこそ二一世紀にふさわしい知識集約化（コンヴァージェンス）の代表といえよう。このように、産業社会はダイヴァージェンスとコンヴァージェンスとを繰り返しながら進展してきたのである。

原発は、衣食住に深くかかわるエネルギー問題である。核開発者は、誰よりもまず、こうした複合的多元的素養を身につけねばならない。デュピュイは述べる。

「人間は、生命・自然のプロセスを引き継ぎ、バイオエンジニアとなる使命がある。（中略）一言で言えば、重要なのは、複雑性［を有するものを生成するプロセス］を開始することだ。これを人間を自然の支配者にして所有者にするというデカルト的夢と比較するならば、革命的計画ということになろう[25]」。

八　今後の課題

さて、例の二〇〇七年新春対談で五木寛之はこうも言った。仏教国ブータンの素晴らしさは、物質的でない豊かさを国是にしたところだ、と。それに続けて、五木が訪れた地インドによこたわる涅槃のブッダ石仏映像がテレビにアップされた。五木に共鳴する私にすれば、平和の代償は、人命でなく物質にするのがいいに決まっている。貧困の共有とまでは言わないが、我慢や苦しみの共有〈共苦〉は、今後、多種多様な価値観・ライフスタイルをプラス方向に決定づける要因になるだろう。

ところで、人は衣服を着るようになった結果、寒さに耐えられなくなったと言われる。人は視力補強のため眼鏡をかけだした結果、ますます視力を弱めたとも言われる。さらに人は、軟らかい食べ物を口にするようになった結果、顎の発育不全が顕著になったと言われる。こうした現象は農業国や農村よりも工業国や都会に多くみられる。

農業国・農村と工業国・都会とで、人々の生活様式は異なっている。前者において人々は、生活の資は、その多くを自然界から五体を動かしてじかに得ている。これに対し後者において人々は、地域的な繋がりを持たずに生活し、自然界で他と協調してでなく、市場で他と戦って勝ち抜くという競争原理を基本にして生活の資を得ている。自然環境の只なかにある農村では、自然と地縁に働きかけない生活は不可能だ。それに対し都会では、人工環境に生活維持とコミュニケーションの手段を組込んだうえで快適な独居生活を楽しんでいる。だが、地球環境の破壊は止まるところを知らない。

現代文明の未来をよりよきものとするには、農業国・農業地域の歴史性や特殊性を考慮したうえで、都市と農村のほどよい多極分散的共存を実現できるか否かにかかってくるだろう。それが実現されれば、近未来の子どもたちは隣接しあう都市と農村双方の環境に親しみ、不快あっての快適を知り、各々別個の、しかし双方そろって調和のとれる生き方を体験するようになるだろう。そして、機敏で寒さに強く、遠くまで見ることのできる、しっかりした顎をもつ人に成長し、他者と握手し合って互いのぬくもりを伝えあうことだろう。

しかし、遺伝子治療や脳死臓器移植、核エネルギー研究の現場ほかで最先端を切り開いている科学者は、あまりに斬新で魅力的なテーマに遭遇すると、その研究が自己目的化され、ときとして社会との調和意識や倫理観を喪失してしまう。なるほど、独創的な技術開発はそのときどきの倫理に拘泥していては達成されない、独創は倫理に優先する、といった意見も散見されるが、それは技術の社会性、「技術は人なり」（東京電機大学初代学長・丹羽保次郎の言葉）の精神を軽視した謬見と思える。

西周は、今日の意味では「百科事典」にあたるEncyclopediaを「百学連環」と訳した。その訳語には、百科の諸学は相互に連環し、自然と社会、世界と人間、精神世界と物質世界、それらは相互に連環している、という意味がこめられていると思われる。先端技術の開発に携わる人びとには、倫理観喪失というリスクを回避するため、そのような「百学連環」の発想こそ必要なのである。

たとえば自然観について、文化人と科学者と信心家では次のように相違するかもしれない。文化人にとって「沃土・清水・涼風」は、科学者にとって「窒素・炭素・水素・気圧」だったりするし、信心家には「地神・聖水・神のいぶき」だったりする。あるいはまた沖縄のジュゴンを例にしてみると、文化人には風土景観・人魚姫物語であろうし、科学者には水生動物・哺乳類であろうし、信心家には海の守護神・神なる自然であろう。私たちは、そうした多様な価値観・自然観の共生を「百学連環」的な前提にし、生命倫理観と環境倫理観を培いつつ先端技術を革新すべきなのである。

三・一一以後の我々にもとめられるもの、それはようするに、想定外の「道なきところに道をつくる能力」[26]の間主観的育成あるいはアルター・エゴ的構築なのである。

註

(1)石塚正英(上条三郎名)「学問論の構築へ向けて」、『立正大学学生新聞』第二二九号〜第二三一号、一九七〇年一二月〜七一年二月、本書第二章に所収、参照。

(2)ジャン＝ピエール・デュピュイ、永倉千夏子訳『チェルノブイリ・ある科学哲学者の怒り―現代の「悪」とカタストロフィー』明石書店、二〇一二年、二一一頁。

(3)同上、四〇〜四二頁。

(4)プルードン、三浦精一訳『労働者階級の政治的能力』(『プルードンⅡ』)三一書房、一九七二年、二五八〜二五九頁。

(5)カブラルに関する文献として以下のものがある。石塚正英『文化による抵抗　アミルカル・カブラルの思想』柘植書房、一九九二年。アミルカル・カブラル、アミルカル・カブラル協会・編訳『アミルカル・カブラル抵抗と創造』柘植書房、一九九三年。石塚正英編著『アミルカル・カブラル　アフリカ革命のアウラ』柘植書房新社、二〇一九年。

(6)デュピュイ、前掲書、一三六頁。

(7)ここに記す「横倒しの世界史」という表現は、大塚久雄の次の文章にヒントを得ている。「現代社会のうちには、縦の世界史が、さまざまな、歴史的または地理的な要因による歪みを伴いながらも、いわば横倒しになって同時的に現れている」。『大塚久雄著作集』第九巻、岩波書店、一九七〇年、二〇八頁。ここに記された「横倒し」の世界史を、私は〈正の近代主義〉および〈負の近代主義〉という術語を用いてポジティヴに転用している。詳しくは以下の文献を参照。石塚正英『文化による抵抗――アミルカル・カブラルの思想』柘植書房、一九九二年。

(8)デュピュイ、前掲書、二〇頁。

(9)同上、七二頁。

(10)イタロ・カルヴィーノ、脇功訳『冬の夜ひとりの旅人が』ちくま文庫、一九九五年、所収。この寓話は、訳者脇功によれば、第二次世界大戦後の冷戦下で東西に分裂した国際情勢を背景に書かれたもので、当時を生きる人々はもともと一つだった身体をまっぷたつにされ、どちらか半身にさせられているように感じる、そうした人間状況を寓意したものである。

(11)デュピュイ、前掲書、一二〇頁。

(12)同上、四三〜四四頁。

(13)同上、三八頁。

(14)同上、四頁。

(15)同上、八頁。

(16)同上、一六一〜一六二頁。

(17)同上、一一五頁。

(18)同上、五八頁。

(19)ジェームズ・フレイザー、石塚正英監修・神成利男訳『金枝篇』全一〇巻＋補巻、国書刊行会、二〇〇四年

〜、参照。

(20) デュピュイ、前掲書、七五、八〇、一〇六、一一七〜一一八頁。

(21) 本書三七〜三八頁。

(22) 二〇一一〜一四年にかけて、私は新潟県上越市の山間部で水車発電プロジェクトを推進した。詳しくは以下の資料を参照。ますや正英（石塚正英）「くびき野マイクロ小水力水車発電事業の提案」、NPO法人頸城野郷土資料室編『くびきのアーカイブ』第五号、二〇〇九年七月、一七頁以降。 http://www.geocities.jp/ishizukazemi/kubikinob.html、石塚正英「くびき野水車発電プロジェクト活動報告」、『東京電機大学総合文化研究』第一一号、二〇一三年。

(23) デュピュイ、前掲書、一七八頁。

(24) Cf., L.A.Seneca, tr.by R.Cambell, Letters from a Stoic, Penguin Books, 1969.

(25) デュピュイ、前掲書、一五七頁。

(26) 訳者あとがき、同上、二一九頁。デュピュイの言う「道なき道」とは正反対の出来事が二〇一九年九月一九日に東京地裁で生じた。福島原発事故の件で業務上過失致死罪に問われていた東電旧経営陣三人は、いずれも無罪となったのである。

〔★新たな科学論の構築へ向けて—フクシマ以後：近代の超克II—フクシマ以後—（編著）、理想社、二〇一三年〕

第六章 人間学的〔学問の自由〕を求めて ―軍産官学連携への警鐘―

一　デュアルユースに要注意

二〇一五年九月二七日付新聞報道を通じて、私は、東京電機大学が防衛省研究助成に応募していたこと、および採択されていたことをはじめて知った。それに先立って、私は有志と一緒に、八月二九日、安全保障関連法案の廃案を求める東京電機大学関係者有志の会を設立し、「軍拡競争による〔脅威・抑止〕対策でなく、日本国憲法と人道に基づく国際法とを基盤とし弛まぬ〔外交・合意〕を通じた平和維持という発想こそ、人類の英知なのです」との声明を発表していた。

その後、二〇一六年七月一四日、東京電機大学ＨＰ「ニュース一覧」に、以下の記事が掲載された。「建築・都市環境学系 島田教授が『日経産業新聞』に掲載／防衛省の二〇一五年度の研究助成事業に採択された、小型無人航空機（ＵＡＶ）に開口レーダーを搭載し、災害につながる地上の異変を察知する技術の研究に関するインタビュー記事が掲載されました。／媒体：日経産業新聞七月一四日／タイトル：軍民両用 研究を問う　防衛省から予算、災害活用／掲載：理工学部建築・都市環境学系 島田政信教授」

ここに記された「軍民両用」＝デュアルユースのうち、「軍」はイスラエルとの無人偵察機共同研究、「民」は災害活用ということになる可能性がある。それ以来私は、以下の宣言をここかしこの機会に発している。

★大学は学問の自由を守るため軍事研究をめぐる政府の介入に抵抗する。

★市民は生活の自由を守るため大学の軍事研究に抵抗する。その内容を以下において「人間学的〔学問の自由〕を求めて」と題して解説したい。

二　科学者の倫理声明⇕国の倫理違反

わが国の大学は、昨今、軍産官学連携に向かっている。とりわけ理工系大学では、大手企業との連携偏重から生じる利益が〈学問・教育・表現の自由〉によって得られる環境を破壊している。大手企業出身の教員の中には、倫理観や教育理念を陶冶するのでなく、科研費獲得率と就職内定率向上で成果を競う向きが多い。そこへもってきて、理工系大学を中心に、防衛省技術研究本部二〇一五年発表の安全保障技術研究推進制度に迎合する傾向が生まれた。私は、その傾向に断固反対している。その趣旨は以下の主張に示される。

第一次大戦でドイツの参謀総長をつとめたエーリッヒ・ルーデンドルフが一九三五年『総力戦（Der totale Krieg）』に記した戦い方は、その後における戦争の常識となった。戦争とは軍事のみならず非軍事たとえば政治・経済・文化など銃後の総力を結集してこそ勝利を確実にできる、という捉え方である。その中に、科学技術も重要な要素として含まれた。例えばヒトラーの要請でフォルクスワーゲンを設計したフェルディナンド・ポルシェは総力戦に動員された科学者の一人だ。戦後に豊かな市民生活を実現することになる自動車のほか、コンピューター（効率的に暗号を解読する）、レーダー（射撃性能の改善）などは、戦争を契機として結果的に進んだ科学技術である。

さて、戦後の日本では、科学者は戦争に協力するような技術開発を拒否するようになった。その代表例として、一九五〇年四月に発せられた日本学術会議の声明がある。一種の倫理声明だ。

「戦争のための科学に従わない声明　日本学術会議　一九五〇年（昭和二五年）四月二八日

日本学術会議は、一九四九年一月、その創立にあたって、これまでの日本の科学者がとりきたった態度について強く反省するとともに、科学を文化国家、世界平和の礎たらしめようとする固い決意を内外に表明した。われわれは、文化国家の建設者として、はたまた世界平和の使徒として再び戦争の惨禍が到来せざるよう切望するとともに、さきの声明を実現し、科学者としての節操を守るためにも、戦争を目的とする科学の研究には、今後絶対に従わないというわれわれの固い決意を表明する」。

しかし、二〇一三年八月、科学技術・学術審議会第四四回総会で、自由民主党政務調査会科学技術イノベーション戦略調査会は「わが国の研究開発力強化に関する提言（中間報告）平成二五年五月一四日」と題して以下の報告を行なった。

「教育基本法改正により、産学連携などの社会貢献が法的にも位置づけられたことや、デュアルユースの上記のような有用性や専守防衛の視点からの研究の重要性を踏まえ、軍事につながる可能性があることをもって一律に研究を禁止するような慣行は見直されるべきである」（四頁）。

さらには、二〇一五年七月に防衛省技術研究本部が発表した「平成二七年度安全保障技術研究推進制度公募要領」には次の記述が読まれる。「教育基本法改正により、産学連携などの社会貢献が法的にも位置づけられたことや、デュアルユースの上記のような有用性や専守防衛の視点からの研究の重要性を踏まえ、軍事につながる可能性があることをもって一律に研究を禁止するような慣行は見直されるべきである」（四頁）。

以上の二つの記事内容は、あきらかに一九五〇年の日本学術会議「戦争のための科学に従わない声明」

と対立する。重大な倫理違反である。

三　近代文明論的・科学技術文明的倫理

ところで、青色発光ダイオードの開発と実用化に成功した中村修二は、『朝日新聞』二〇〇六年九月一七日朝刊「朝日新聞デジタル・サイト朝日求人・仕事力」欄で、日本の教育について、次のように語っている。一部を引用しよう。

「日米ともに、小学生は変わりません。夢や希望を持ち、やる気にあふれ、科学者になりたい、音楽家になりたいと考える。アメリカの小学生はそのまま夢に進む教育を受けますが、日本は我慢させ、その芽も摘んでいく。これは非常にはっきりしています。

私も、辛抱して苦手な世界史などの暗記科目もがんばれと教育されました。大学まで進めば君のやりたい勉強ができるから、という教師の言葉を無理やり自分に言い聞かせ、押さえ込んできたのです。本当に興味の持てる学習ができたのは、大学も後半になってからですが、今も私の中には無為に過ごさざるを得なかった怒りが渦巻いています。

頭脳も体力も伸び盛りで、なんでも吸収する活力にあふれていた中・高、そして大学時代まで、なぜ私はその思いを閉じ込めて苦しまなければならなかったのか。そして現在も日本中の若い人々が同じ苦悩の中にあって、気づかないうちに従順な永遠のサラリーマンへと育てられていく悔しさ。加えて、科学者になりたい、新しい発明をしたいというような夢を一笑に付す視野の狭さに憤ります。

地球環境や食糧の問題を担うのは理系の仕事ですが、それを理解している企業も少ないのが実情です。

日本の若い人にはまず知ってほしい。私たちは貧しい教育を受けて、今ここにいるのだということを。（談）」（http://www.asakyu.com/column/?id=238）

この記事を読んで、教師である私は中村の独断を指摘せずにいられない。小学生時代から彼のように大志を抱く人は、そうざらにはいなかろう。迷う子、悩む子、引っ込む子、暴走する子、さまざまだ。その過程で成長があるのではないか。

彼は理系科目を高く評価し、反対に、世界史を「辛抱して」暗記させられた「苦手な」科目としている。だが、そういった好き嫌いを小学生時代から身につけてしまう〔中村少年〕のような子に、教師はどう接したらいいだろうか。彼の著書に『好きなことだけやればいい』（バジリコ、二〇〇二年）があるが、どう対応するべきだろうか。

すぐれた技術の条件は四つある。第一に「有用性」、第二に「安全性」、第三に「経済性」だ。しかし、その三つとも、第四の「倫理性」を無視すると、オセロ・ゲームのように優劣が反転してしまう。学校教育の第一はこの「倫理性」の育成にある。中村にはそこがかけている。

遺伝子治療や脳死臓器移植、核エネルギー研究の現場ほかで最先端を切り開いている科学者は、あまりに斬新で魅力的なテーマに遭遇すると、その研究が自己目的化され、ときとして倫理観を喪失する。なるほど、独創的な技術開発はそのときどきの倫理に拘泥していては達成されない、独創は倫理に優先する、といった意見も散見されるが、それは技術の社会性を軽視した謬見だ。その謬見は、ある一つの事件を引き起こした。

二〇一四年一月末、日本内外の科学研究の世界に一つの電撃的ニュースが飛び交った。万能細胞の新種「ＳＴＡＰ細胞発見」である。これは、マウスのリンパ球を弱酸性溶液に三〇分程度浸すだけで発生するとされた。また、リンパ球を細い管に通したりしてストレスを与えるだけでも発生するとされた。この報道に接した直後、私はTwitterに次の皮肉を書き込んだ。「iPSより簡単 新しい万能細胞 倫理面での過失率はますます高まる」。（二〇一四年一月二九日）

新細胞「発見」は、技術者倫理を講義する者からみると、①万能細胞自体がもつ倫理的問題と、②研究者・技術者がクリアしなければならない倫理問題と、ダブルの教材となっている。しかし、のちに次々と明るみにでた、いわゆる「捏造・改竄」疑惑すなわち②レベルの報道渦中で、ダブルのうち、一層重要な①のチェック・確認は問題視されず報道からは締め出されていった。これは由々しき問題である。

①は、STAP細胞の存在が証明されれば解決するという性質のものではない。むしろ、そのことを含め、ES細胞・iPS細胞とともに、一括して本格的に議論の俎上に載せられるべきテーマなのである。ダブルのうち②は、なるほど技術者・研究者個人の倫理にとどまらず、当該大学のコンプライアンス、分子生物学界全体の研究者倫理として、あるいは理化学研究所の企業倫理として徹底追及されねばならない。けれども、②は①と比べれば解決の容易な部類に属する。②は技術者倫理・研究者倫理・企業倫理のレベルにある。これに対して①は、近代文明論的・科学技術文明的倫理のレベルにある。深刻なのは、①の倫理問題なのである。万能細胞とその研究開発それ自体は倫理的に問題なし、とする立場を再三再四疑ってかからなければならないのだ。

『老子』に「足るを知る者は富む」とある。分相応のところで満足することのできることが心の豊かさの指標になる、という意味である。ここにいう「分相応」を、多様な生き物の一つである人間に相応しい、としてみる。そうしてみると、現代人は、その格言とは裏腹に、二〇世紀後半から今日に至るまで、破竹の勢いで進展してきた科学イノベーションの過程で、永遠ともいえる欲望実現と身体的不老をもとめ、その衝動に突き動かされて自然および身体を収奪してきた。醜悪な人間中心主義の顕れである。あるいはまた、現代人は、眼前の快適な生活を追い求めて生み出した数々の処理不能廃棄物を、後代の人々に残している。〈子どもの世代を苦しめてまで長生きしたい〉傾向の黙認である。万能細胞とその技術は、個としての人間の病弊・障害を克服するのに必要なものである。しかし、同時にそれは、類としての人間の身体的不老を追求する技術としては、倫理的に許容されるものではない。〔学問の自由〕〔有意義な学問研究〕は、こうした人間学的倫理（観）に下支えされているものなのである。

四　近代社会と学問の関係

私は思う。社会的に有意義な学問研究の中には、〝社会的〟以前に、その仕事に携わる学者本人にとって有意義なものが多い。事実がまずあってそこから学説なり理論なりが導かれるのか、学説や理論こそが事実をつくりだすのか、私にはよくわからない。けれども、少なくとも、研究者の仕事は、自身の個性としての内的動機づけ・目的意識に支えられているからこそ、研究分野やテーマが同じだからといって他のだれにも引き継げないのだ。

マックス・ウェーバーは『職業としての学問』の中で、学問する意義に触れて次のような発言をおこなっている。研究者は、全力を尽くして一つの学問上のErfüllung（達成・成就）を為すことを使命としているが、しかしそのエァフュールンクは、つねに、彼のあとに続く研究者への「問題提出」となり、後継者による乗り越えの目標ともなる。したがって研究者の仕事は事実上終わりというものをもたない、と。この見解は、学問を社会的なものとみる立場から出てくる当然の結論ではある。しかし、研究者の仕事は「事実上終りというものをもたず、またもつことのできない事柄」だとウェーバーが述べるとき、私は、その「終り」という言葉に注をつけたくなる。例えば、ウェーバーの表現は、研究者の仕事にはつねに先行者と後継者が存在し、その二者の間で連綿とつづく鎖上で仕事が進歩していく、と理解できる。けれども、往々にして、先行者と後継者とでは、なぜ学問するか、の動機やその目指す目的などが相違していることがあるのだ。学問上のある仕事について、第三者からは先行者から後継者へと仕事上の授受が成立しているかに見えても、実際は、先行者の仕事は、本人の内的な動機づけ・目的意識の世界では一つの区切りつまり「終り」をもっていることだってあるだろう。

ある研究者の仕事が「事実上終りというものをもた」ないことと、彼の仕事が一つの区切り＝「終り」をもつこととは、けっして矛盾しあわない。ウェーバーの言葉を借りて言うならば、社会的にはどうであれ内面的には、研究者の仕事にも真に「達成」する可能性はあるのだ。

その研究者の仕事、〔学問〕に特化した議論を以下に記そう。

第一に、近代社会と学問の関係である。例えば、近代に生み出された諸制度と学問の関連が問われる。さらに近代に特徴的な学問自体の制度化も問題となるだろう。これは、言い換えれば近代に特有の普遍性と特殊性の関連という問題がどのように制度化されているかを問うこと（学問と人類、学問と地域、学問と階層、学問と生活、etc.）である。

第二には、近代の終焉という認識に関わる。近代を乗り越える学問的営為が問題になるとすれば、まずは従来の学問の時代制約性を明らかにし、ついでその制約性とそれを規定した制度との関連が明確化される必要があるのではなかろうか。その上で、新たな社会・自然認識を受容した学問のありかた（存在意義）とその制度化が問われる。あるいは制度化自体を問う姿勢も必要となるだろう。その意味で、生活世界と学問の関わりが重要となってくるのである。その際、私たちにとって学問はなにができるかという問い（知的実践の意味）が依然として存在する。それはつまるところ知の世界を含む現在社会認識の問題だろうし、また、日本社会に独自な学問のあり方の批判的総括にも関連するものである。

日本政府は、一九九五年に成立した科学技術基本法で、こともあろうに、人文・社会科学を振興施策の対象外においた。軍産官学連携への地ならしをしたのだった。しかし、これでは、〔学問の自由〕〔有意義な学問研究〕は保証されえない。ところが、二一世紀にいたって、生命科学や人工知能研究の領野を先頭に、人文・社会系の知識と技術を介入させなければ二進も三進もいかなくなってきた。そのこともあって政府は、二〇一九年一月、人文・社会科学を振興施策に再度取り込むと公表した。二〇二〇年の通常国会で科学技術基本法の改正を行う方針を打ち出したのである。願わくば、知識・技術の機能的再評価にとどまらず、持続可能な〔学問の自由〕を求めて、倫理という人類史的再評価を断行するよう、つよく主張する。私が本書のテーマとしている〔学問の使命〕〔知の行動圏域〕は、まさに倫理に深く根ざしているのである。

〔参考文献〕
石塚正英著『近代の超克　―あるいは近代の横超』社会評論社、二〇一五年
石塚正英編著『近代の超克Ⅱ　―フクシマ以後』理想社、二〇一三年
石塚正英共編著『技術者倫理を考える』昭晃堂、二〇一三年（朝倉書店、二〇一四年）
石塚正英共編著『戦争と近代　―ポスト・ナポレオン２００年の世界』社会評論社、二〇一一年

石塚正英共編著『近代の超克　―永久革命』理想社、二〇〇九年

〔★人間学的〔学問の自由〕を求めて―軍産官学連携への警鐘―：寄川条路編『大学の危機と学問の自由』、法律文化社、二〇一九年。〕

第七章　フォースとヴァイオレンス
―〔支配の暴力〕と〔解放の抗力〕―

一　暴力と抗力

　まずはタイトルにあるフォース（force）とヴァイオレンス（violence）について、私なりの定義的な説明をします。ある人が自宅でくつろいでいるところに、突然地震が発生して家屋が倒壊して犠牲者になったとします。その揺れが自然現象であれば、それは自然の猛威ではありますが暴力ではありません。その揺れが近隣の工事現場での事故によるものであれば、人災ではありますが暴力ではありません。その揺れが近隣の軍事施設への空爆攻撃によるものであれば、暴力＝フォースであります。まして、その一帯を狙った攻撃であれば明確な暴力＝フォースであります。

　ところで、その空爆＝暴力は、国際法に触れなければ殺人や人権侵害などでないとされます。しかし、被害地域にすれば、紛れもない暴力＝フォースでしょう。連日続くようであれば、対抗措置を講じねばなりません。抵抗・抗戦は、たとえ武器を携えていようと防衛であって、それは抗力＝ヴァイオレンスです。暴力＝フォースではありません。国際法に触れなかろうと、植民地支配国から被支配国への攻撃は、後者にとっては甚大な暴力＝フォースです。植民地解放戦争は、植民地の人びとにとって支配の暴力＝フォースを挫く解放の抗力＝ヴァイオレンスです。フランス革命などの革命軍による攻撃は、歴史を推進する〔革命的抗力〕＝ヴァイオレンスでありました。フランス革命期に従軍したゲーテは、一七九二年に革命軍がプロイセン・オーストリア連合軍を破ったヴァルミーの戦いを目撃してこう述べました。「ここから、そしてこの日から、世界史の新たな時代が始まる」。この戦いを私はヴァイオレンスとし、はじめは革命防衛であったもののヨーロッパ・侵略制覇に転じたフランス軍のナポレオン戦争（一七九六〜一八一五年）をフォースとしておきます。

一般に殺人は、個人のレベルでみると暴力ですが、国際法を順守した戦争における戦闘員殺害は告発されませんし、死刑を認めている国々での処刑殺人は暴力とみなされません。専制国家の軍隊に対抗する市民の非合法ゲリラやレジスタンスは、彼らにはけっして違反行為ではありません。歴史奪回的な、民族自決的な権利の行使なのです。専制国家の〔不当な暴力〕＝フォースに抵抗する〔正当な抗力〕＝ヴァイオレンスなのです。なお、暴力をこのようにフォースとヴァイオレンスに区分する構えは、一面では幾分ジョルジュ＝ソレルの『暴力論（Réflexions sur la violence,1908）』に倣っていますが、他面、私個人の研究歴にあっては、拙著『叛徒と革命―ブランキ・ヴァイトリンク・ノート』（イザラ書房、一九七五年）でテーマとした〔革命的暴力〕論の帰結であり、拙著『文化による抵抗―アミルカル・カブラルの思想』（柘植書房、一九九二年）でテーマとした〔文化による抵抗〕論の帰結であります。半世紀近い討究の、長い道のりを有しております。(注)

二　二種の強力　―抑圧する暴力とそれを跳ね返す抗力

ところで、支配の暴力を〔不当な暴力〕＝フォースとし、それを跳ね返す抗力を〔正当な抗力〕＝ヴァイオレンスと区別したとして、後者において、核爆弾は使えるでしょうか。断じて使えません。非戦闘員殺害どころか人類滅亡をもたらす可能性がある武器は正当な抗力ではありません。カハネ主義に例をみるユダヤ至上主義やイスラム国に例をみるイスラム至上主義、旧ユーゴスラヴィアに例をみる民族浄化の軍事攻撃なども〔正当な抗力〕＝ヴァイオレンスではありません。お前たちが住む地は元来わが民族固有の地であり、占領者・侵略者は出て行け、という強力の行使は概ね支配の暴力＝〔不当な暴力〕＝フォースに結果します。

あるいはまた、ヴァイオレンスは国家を樹立できるでしょうか。国家は大なり小なり支配に関係するので、リンカーンに由来する「人民の人民による人民のための政府（The Government of the People by the People for the People）」であろうとも樹立できません。暴力も抗力も強力（power）に相違ないですが、抗力は永久的な権力と矛盾します。もし国家として永久権力を樹立したならば、それは自己否定です。抗力は永久化しだすと、暴力に変質します。その好例を、私たちはロシア革命に見いだします。

ロシア革命の時代、ロマノフ朝に対して革命勢力が軍事力学上の勝利を収めて成功したとき、レーニンは、ソヴェト（Совет　労働者・農民・兵士による評議会）とボルシェヴィキ（Большевики「多数派」を意味する語で、ロシア社会民主労働党の左派）との関係をどのように捉えていたでしょうか。知られている標語によれば「すべての権力をソヴェトへ！」ということですから、ボルシェヴィキ（革命党）はソヴェト（評議会）に従属し、ゆくゆくは解消することになるはずでした。しかし、ロシア革命を成功させるのに功労のあった抵抗勢力の指導者たちは、けっきょく、ソヴェトにおいて党を残存させて、永久に支配権を保持できる暴力状態を選択したのです。抵抗勢力の象徴であったボルシェヴィキは、軍事上の勝利を収めたのちは解体するべきだったのですが、以後は指導者集団が国家支配集団と化してしまったのです。暫定的なはずの〔革命権力〕は恒久的な〔国家暴力〕に変質しました（参考 石塚正英『ソキエタスの方へ―政党の廃絶とアソシアシオンの展望』社会評論社、一九九九年)。

一九六〇年代、植民地解放運動が盛り上がったアフリカにおいて、宗主国の〔不当な暴力〕を拒否し、アフリカ革命を旗印に〔正当な抗力〕を掲げた人物に、ギニアビサウ解放指導者アミルカル・カブラル(Amilcar Cabral,1924 - 73)がいます。彼は、ユーロ・アメリカン・スタンダードとしての近代を早くから拒絶していました。彼は、宗主国ポルトガルからギニアビサウの独立を勝ち取るに際して、指導理念として「文化による抵抗」を掲げました。一九五九年八月三日、首都ビサウのピジギチドック港湾労働者が待遇改善の平和的なデモやストを行いましたが、ポルトガル官憲は武力弾圧でこれに応えました。「ピジギチの虐殺」です。以後、カブラルは抵抗の武装を開始しますが、基軸は武器よりも文化でした。カブラルにとって文化は、アフリカ人民のアイデンティティーとディグニティーに深くかかわるのです。それは闘争によって生まれ、また闘争そのものを牽引していく。カブラルは諸民族の「文化の差異」に注目します。その度合いが大きければ大きいほど、一民族が他民族を征服・支配しにくくなるというのです。したがってまた、その差異が大きいほど、抑圧者に対する被抑圧者の抵抗運動=闘争は強力となります。欧米に対して軍事的に勝利する前提条件として文化的抵抗があったのです。その限りで、彼はギニアビサウの民衆に武器を持たせました。最初はフェティシュ(呪物)が武器だったりしました。それは文化的抵抗の一証拠でした。武器をフェティシュから機関銃に変えていったのですが、戦士たちには機関銃は近代兵器というよりも、当初は威力抜群のフェティシュだったのです。それを欠いたのでは、敵を倒す弾丸で自らをも倒してしまうのでした。まぎれもなく、文化が抵抗の武器=〔正当な抗力〕だったのです。戦いの中で識字率をあげていき、多くは農村出身で文字を読めないポルトガル兵捕虜を驚かせたのです(参考　石塚正英『文化による抵抗―アミルカル・カブラルの思想』柘植書房、一九九二年)。

三　暴力＝軍事が牛耳る戦争と平和

国家が暴力を振るう事態は、死刑制度を許容し条件次第で殺人を合法化している日本も同じです。一九八九年一二月に国連総会で死刑廃止条約が可決され、一九九一年七月に一〇カ国の批准が得られて発効しました。その第一条には、次のようにあります。「本議定書の締約国の管轄下においては、何人も死刑に処せられることはない」。批准一〇カ国は、オーストリア、フィンランド、東ドイツ、アイスランド、オランダ、ニュージーランド、ポルトガル、ルーマニア、スペイン、スウェーデンでした。日本は批准に参加していません。日本の歴代法務大臣は、任期中は死刑執行にサインしたくないと思ってきたようですが、政府の見解としては死刑存続を堅持しているのです。そのような国家は、死刑制度を廃止した国家からは暴力国家とみなされてもしかたありません。

死刑制度存続の妥当性というか根拠の筆頭は、抑止力理論です。理想としては廃止したいが、現在もなお凶悪犯罪が根絶されていない以上、これを抑止する目的で死刑は存続させねばならない。もしこれを廃止すれば一般国民の感情はいっそう不安に悩まされるだろう。日本政府はこの立場にたっていて、上記の条約は批准していないのです。

抑止力の効果は限定的であって、常に力を増強しなければ功を奏しないことは、軍事面において、一九世紀後半のヨーロッパ世界に登場したドイツのビスマルクが証明しました。ドイツ統一を実現したあと、ビスマルクは、かつての鉄血政策とうってかわって、ヨーロッパ外交上で武力による平和状態（バランス・オブ・パワー）を維持しようと列強間の利害調停を繰り返します。イギリスとの間で生じた建艦競争が好例です。歴史上 Anglo-German naval arms race と称します。結局は自国の軍事力増強を図る時間稼ぎでした。国防上の観点から軍備拡張をする場合、敵国以上の戦力を持たなければ抑止力たりえないわけですので、国防に名を借りた紛れもない軍拡で、国家暴力の増強・暴走です。トランプ米大統領は二〇一八年一〇月二〇日、中距離核戦力（ＩＮＦ）全廃条約から離脱する方針を表明し、ロシアと中国の核兵器開発に対抗してアメリカも核兵器で軍備拡張すると宣言し、ロシアのプーチン大統領は二〇一九年二月二日、同条約の履行停止を宣言しましたが、これも抑止力増強の一例です。

そのような事例は、現在の日本でも生じています。二〇世紀後半の国際社会は、国際法（トランスナショナルな力）に依拠した国連中心の集団安全保障によって紛争を解決し平和を維持してきました。しかし、日本政府は二〇一五年九月、改正自衛隊法や改正武力攻撃事態法、改正国際平和協力法などを含んだ平和安全法制整備法と国際平和支援法を成立させました。とくに後者は、憲法解釈を改悪して集団的自衛権の行使を認め、米軍など外国軍への後方支援も容認するものでした。これは、日米二カ国による安全保障の優先であって、中国など周辺諸国に向けた抑止力の強化を目指したものです。その傾向を反映して、二〇一八年一二月に閣議決定した二〇一九年度予算案の防衛費は、前年度比一・三％増の五兆二五七四億円（含・在日米軍再編関連経費等）を計上し、七年連続の増額で過去最高となりました。

四　国家権力に対抗する社会的抵抗権

基本的人権は、本来、個人に基づいています。そのパーソナルな力を国家が管理するところに、思わぬ問題の生ずる余地があります。個人単位の正当防衛としての力（社会的な力）の行使と、国家単位の自衛（専守防衛）としての力（国家的な力）の行使は、個人と国家が乖離している場合、歴然と違うのです。いわんや、個人と国家が乖離している場合における集団的自衛権としての力の行使は、言うを俟たないでしょう。社会的な力は抵抗権（基本的人権）として国家的な力に優先しています。二〇一九年一月にフランスで生じたマクロン政権を批判する民衆の大々的な抗議デモは、社会的な力＝抵抗権が突出してヴァイオレンスと化したものでしょう。二〇一九年夏に香港で逃亡犯条例改正案問題を発端に生じた大規模な抗議行動でも学生・市民主体のヴァイオレンスが現実化しました。

力と力のせめぎあいによって維持される平和状態について、二一世紀を生きる私たちは、むろん内乱や戦争をさせない社会的な力の優位を通してこれを実現するべきなのです。日本は、軍事力でなく政治外交や経済交流、文化交流という非軍事的手段によって国際協調を実現するべき段階を目指すべきです。繰り返します。「平和」を「静」と仮定した場合、「平和」は永遠の本質とか根本精神といった不動や不変を意味するのでなく、たゆまぬ「動」における瞬間的緊張や均衡といった位相にある「静」です。私の理解では、現実世界の動態（抗争状態）のただ中に実現される静態（均衡状態）が「平和」なのです。ただし、抑止力＝軍事力（force）を前提とした勢力均衡（Balance of power）とは根本的に違います。〔文化〕による抵抗（resistance）による、場合によっては〔革命・解放〕という抗力（violence）の支援による、〔軍事支配・戦争〕という暴力（force）の無力化を通じて獲得される平和状態です。〔軍事支配と戦争に対する文化による抵抗（Counter-cultural resistance against military-rule and war）〕を通じて獲得される平和状態なのです。

最後にもう一つ繰り返します。個人を単位とする社会的な力は抵抗権（基本的人権）として、国家的な支配権に優先しています。その抵抗権は力（支配権）と力（抵抗権）のせめぎあいによって平和状態を維持しますが、自らの成立基盤を意識し、ヴァイオレンスにまで激昂したところで抵抗であることに相違なく、けっしてフォースに変質して支配権を樹立しないものです。レジスタンスであれレヴォリューションであれ、国家の樹立を目指すのは当たり前でしょうが、それを樹立したらもはや抵抗勢力ではありません。

蛇足ですが、愛国精神は必ずしも軍事力を伴わないことを明記しておきましょう。ナショナリズムを政治的な概念とみて、それとは相対的に別個の概念を、私は「パトリオフィル（愛郷心 patriophil, patrophil）という造語を用いて次のように立論しています。「パトリオフィル」の「パトリ」は郷土を、「フィル」は愛を意味し、合わせて「郷土愛・愛郷心」となる。それはナショナリズムのように政治的・国家的であるよりも社会的、あるいは文化的な概念であり、権力的であるよりも非権力的な規範概念である。組織形態でいえば、政治的な国家（nation state）でなく風土的なクニ（regional country）に近い、云々。この議論を始めると長くなりますので、関心のある方は以下の拙著をご覧ください。

★「小川未明の愛郷心」『地域文化の沃土 頸城野往還』社会評論社、二〇一八年、第七章所収。

本書刊行にあたっての註記

以下において、参考資料として、一九七五年に刊行した拙著『叛徒と革命―ブランキ・ヴァイトリンク・ノート』の「プロローグ」と「エピローグ」を掲載する。改めてデータを電子入力するにあたり、四〇数年の歳月をカバーするための工夫を行った（今世紀→二〇世紀、最近→一九六〇年代後半、など）。また、本書刊行時には、ヴァイトリング（Weitling）のことをドイツ語発音に即して「ヴァイトリンク」と記したが、以後の著作においては多くの研究書・翻訳書の慣例に倣って「ヴァイトリング」としている。

なお、以下の一九七五年論文と上記二〇一九年論文を連結する要因、それはなによりも、アミルカル＝カブラルがギニアビサウ解放闘争において理論化した「文化による抵抗」のインパクトである。それに従うと、一九七五年論文に記された「革命的暴力」は、今は「革命的抗力」と読み直される。二五歳の文章として、トロイメライ（夢想の情景）も散見される。

プロローグ

本書は、初期のプロレタリア革命運動、とりわけ、バブーフ、ブランキ、ビューヒナー、ヴァイトリング、そしてマルクスの思想と行動にみられる、革命的暴力について検討することを目的としている。

プロレタリア革命を論じ実践する運動について、その起点をフランス大革命末期のバブーフの行動に求めることは、こんにちまでの通説である。本書はそれに従っている。そして、マルクスの登場をメルクマールとして、それ以後の運動、あるいはマルクス主義を中心とする運動を以て、本格的な、科学的なプロレタリア運動が開始したとすることもまた、通説である。本書は、これにもまた一応同意する。一応というのは、たとえばアナーキズムやサンディカリズム、トロツキズムやスターリニズムの評価をめぐって、マルクス主義を元來完成されたものと了解し、それを中心として運動が発展してきたかの如く主張する説を、本書は認めないからである。

そうした前提に立脚しつつも、ことプロレタリア暴力とか革命的暴力に関する意義、重要性は、年代を経る毎に深められ豊富化されてきたわけではない。たとえばブランキの暴力論を、プロレタリア暴力そのものを否定するために援用してみたり、トロツキーの革命的暴力を、ファシストの第五列だと宣伝してみたりすることは、歴史上に幾度も登場してくるのである。

プロレタリア革命は古今のどのような革命とも異なって人民総体がたたかいとるものである、ということは正しいのであるが、だから人民の支持・参加をとりつけるために暴力はもはや不必要であり害悪であるとして、すべての運動を議会主義の一点に集約せんとはかる傾向が存在する。それを主張する人々は、たいがいブルジョア的道徳論に依拠している。けれども、革命的暴力の不可避性・積極性を主張する運動も、それはそれで日々いたるところで噴出している―アラブの地で、インドシナで、またイギリスやフランス、それに日本で。

プロレタリア革命における暴力の役割は、バブーフ以来マルクス（主義）が登場するまでは、秘密結社とバリケード戦によって提起されつづけてきた。そのたたかいは、ときには学生やインテリゲンチャを主体として、ときには飢餓に苦しむ貧民大衆を中心として、またときには双方が一緒になって展開された。その時々のスローガンが、ブルジョア民主主義を標榜するものであれ、民族統一・祖国解放を標榜するものであれ、彼らのたたかいは、たえず兇暴な国家暴力と対決せざるをえず、それを自明のことと判断せねばならなかった。

本書では、革命的暴力の始原を武装蜂起の歴史に見いだし、それを闘争の中核とする革命家たちを一様に革命的暴力派として取り出し、彼らをあれこれの議会主義派や啓蒙改革派と区別し、とりたててその諸相を描き出してみる。論の構成と内容は次の諸点である。

第一点。バブーフやブランキの思想と行動に関し、いままで流布されてきた通説、イメージに変更を加えることである。バブーフ思想は粗野な共産主義だ、平等至上主義だというイメージ、またブランキズムは一揆主義だ、陰謀至上主義だというイメージは、革命運動史における常識みたいなものである。だが、彼らを救済しようとする人々は、その常識をくつがえそうとする。手段は何か。簡単である―マルクスと対比するな、それ以前の革命家なのだから―ということである。バブーフが粗野な理論をもったとしても、それはマルクス主義からみてのこと、あるいはそうした時代情況であったから、という内容が救済の骨子となるのである。言ってしまえば、バブーフもブランキも、過去の人物としては偉大であった、という結論に落着くのである。本書はそのような意味で従来のイメージに変更を加えるのではない。バブーフやブランキの理論の中に、マルクス以後もなお、現代もなお、光を放つものが存することを訴える意味で、常識に抵抗するのである。

第二点。えてして常識用語のブランキストにみたてられるヴィルヘルム・ヴァイトリングの革命的暴力論を検討することである。ドイツ労働運動の父などと称されるヴァイトリングは、ブランキほど人々に知られていない。せいぜい、マルクスが登場する以前の空想的共産主義者の一人だ、くらいの認識が多いかも知れない。彼は、フランス共産主義（バブーフ、ブランキ）の影響をうけ、またフーリエやラムネーに感化されながら、パリでドイツ解放運動に乗り出す。当時のドイツ、一八三〇年代四〇年代のドイツは頗る反動的であり、革命運動はパリやロンドンで準備された。パリにあつまった亡命ドイツ人はヴァイトリングを先頭にしてプロレタリア運動を展開する。そして、バブーフ以来潜在的に社会革命を指向するグループが形成されつつあったにせよ、ヴァイトリングによる目的意識性をもった社会革命理論が提起されると、それは若きマルクスを感激させ、フォイエルバッハの賞賛を得、青年バクーニンをも感動させたのである。

だが、ヴァイトリングは何よりもブランキの行動に影響をうけたものだから、彼と同じような行動をとっていく。ヴァイトリングは、ブランキがおかしたと同じような誤ちを繰返すのである。その誤ちを、本書では〈暴動即革命〉論と名づける。これが、従来ブランキズムと称されてきたものである。またヴァイトリングは、パリで宗教的プロパガンダの有効性を知り、そのような傾向の共産主義を説く。これを、本書ではメシア共産主義と名づける。さらにまたヴァイトリングは、ブルジョア革命後のフランスで活動するあまり、ドイツを一挙に共産主義社会へ導こうと考える。そうした、ブルジョア革命を踏まえない一挙的な理論を、本書では〈革命即社会革命〉論と名づける。以上のような、ヴァイトリングの革命論の検討のなかにあって主軸をなすのは、もちろん革命的暴力論である。ただ、現在の我が国では、ヴァイトリングの行動についていまだ大衆的に知られてはいない。そこで、彼に関しては大幅な紙面を費すことにする。

第三点。ヴァイトリングに象徴される労働者共産主義が、マルクスの哲学的共産主義と結合していく段階で、革命的暴力がいかに発展的に継承されていくかを探ることである。ブランキやヴァイトリングの〈暴動即革命〉論を、ヴァイトリングが登場する以前に批判していた人物がいる。それはゲオルク・ビューヒナーである。だが、実際的にその理論を批判しきれたのはマルクスである。マルクスは、ドイツ革命を経験する過程で、革命的暴力を文字どおりプロレタリア暴力として提起する。ブランキにしてもヴァイトリングにしても、その提起は〈暴動即革命〉論の外被を伴わざるをえなかったが、マルクスはその桎梏を打破したのである。打破せんと苦悩したビューヒナーは若くして死んでしまうのである。

第四点。以上の革命家たちすべてに共通する問題として、革命的暴力と、それを体現する主体、革命的な階層との結びつきを検討することである。プロレタリア革命を暴力で以て貫徹せんとする人々が、いったい誰を、どの階層を、その体現者に想定したかということは、様々なのである。まずバブーフはサン－キュロットと貧農に期待する。ブランキとヴァイトリングは、サン－キュロットの末裔、都市下層民に期待する。そしてマルクスは近代プロレタリアートにそうするのである。この問題も「空想」という言葉で簡単に処理されそうなだけに、極めて重要であろう。ことに、マルクスは近代プロレタリアートを革命の主体・暴力の体現者にみたてたが、それを現代の労働者にまで押しひろげてみると、様々な疑問がおこってくる。その点をも含めて、この第四点は、本書の全体で検討することになる。

私が本書を著わそうとした動機は、以上の諸点から推測されることと思う。第一に、革命的暴力の今日的意義を再確認することである。第二に、そのためにはブランキを復権させ、「ブランキスト」ヴァイトリングのイメージを打破することである。また、マルクスのなかにヴァイトリングを見とおし、バブーフまでを見とおすことである。そして最後に、マルクス自身の思想とはちがうマルクス主義を断罪することである。

☆

エピローグ

バブーフとサン＝キュロット、ブランキとサン＝キュロットの末裔、ビューヒナーと貧農、ヴァイトリングと手工業職人、マルクスと近代プロレタリアート、これらの組みあわせは最後の一組を除いてすべて空想的だといわれ、粗野で未熟だといわれる。その根拠は何よりも科学的共産主義である。それに照らして空想的、未熟なのだとされる。しかし本書は革命的暴力をテーマとしている。その真髄を歴史的に追認する目的で書かれている。たとえバブーフとブランキ、ビューヒナーとマルクス、ヴァイトリングとマルクス等のあいだに、一系列を想定する何らの根拠がないとしても、また古い時代から新しい時代にかけて、革命的暴力の真髄が次々と受け継がれた結びつきを強調しえないとしても、彼らには一つの共通する素材的経験と信念がある。素材的経験とは、絶対主義権力（封建貴族と特権ブルジョアジー）によって支配され、新興産業ブルジョアジーにも搾取される労働者・農民の貧困である。そして信念とは、その貧困からの永久解放を革命的暴力によって成就しようとするものである。そうした手段をも空想的、粗野だとするなら、マルクスもまた空想家である。だがそうした手段を、唯一現実有効的なものだと判断するのであれば、先の人々はすべて空想家ではない。

信念としての革命的暴力を、彼らは各々何らかのかたちで実践しようと試みた。まずバブーフは、サン－キュロットの運動に目的意識性を付与せんと、秘密の計画を、革命家の独自の組織行動を提起した。それはプロレタリア革命運動にとって実に有意義な提起であった。だがバブーフの理論には、独自の組織運動を大衆運動に優先させるという、また少数の革命家が主観的に革命気分にひたればそれで事をおこすといった、大きな陥穽が存在したのであった。それはブランキによって現実におかされ、ヴァイトリングにも受け継がれたのである。そうした少数者の、終始秘密にとどまる行動を批判したのはビューヒナーとマルクスであった。ビューヒナーは、革命はもっとも貧困に苦しむ下層の人民大衆自身の手によって成就されるという確信から、一つの歴史に残る檄文『ヘッセンの急使』を発した。しかし彼はそれ以上何かを模索せず、あるいはしようと思っていたのかも知れないが、チフスで若い生命を絶たれてしまったのである。その後に登場した哲学者マルクスは、バブーフの陥った（何よりもブランキの名と結びついた）誤りを見ぬき拒絶するとともに、それ以上のことをした。彼は大衆運動の方を革命党に優先させたのである。革命党の任務はけっして革命を行なうことでなく、それを準備し指導することであり、革命の主体はあくまでも大衆であると断言した。それでも彼は、バブーフ以来の原則的な信念については、それを受け継いだのである。彼は共産主義革命について、革命的な階層、独自の政治指導を行なう革命党、それに革命的暴力の三者のうち、どれ一つを欠いても成就しないことを確信したのである。

ところがプロレタリア階級闘争の歴史をどんどんくだってくると、この三者は実に奇妙な変化をする。まず第一に階級である。本書では一貫して「革命的」というふうに労働者を形容してきた。しかし二〇世紀にはいると、非革命的あるいは反革命的な労働者が大量に出現してくる。そして鉄鎖のほか何ものも所有しない労働者の増大よりも、ありあまる富をもつ可能性を与えられた、労働貴族化した人々が目につきはじめてくる。第二に党である。「労働者の党」といっても二〇世紀にはいると、社会民主党と共産党が、あるいはまた官許声明をしないまでも、一九六〇年代に至ってはニュー・レフトの諸党派が、いやそれどころか、バクーニンとマルクスの訣別以来、「反権威」を標榜するグループの地道な行動が、各々労働者の味方だと称して並立してくる。第三に暴力である。革命的暴力といっても、それは野蛮なものであり、昔の野蛮な時代にこそ照応していたが、もはや共産国も一大勢力となり労働組合も強力となったことにより平和革命の道が開かれた今となって、不必要であるとする「労働者の党」が出現してくるのである。そして、同じくマルクス主義党を自称するものではあっても、片や革命的暴力の提唱を、片や平和共存の提唱をするといった具合である。暴力の点では、昔の仲間が分裂し、昔の敵同志が結合しているといった具合である。

　こうした現象を説明するには、資本主義国家も福祉政策を大幅に採用するようになったとか、労働者党も議会主義による改良の道を大いにめざしうるようになったとかの諸点があげられる。議会主義に転向した労働者党は、通例、ベルンシュタインの理論に依拠しているといわれる。あるいはまた、晩年のエンゲルスがバリケード戦を否定した理論に依拠しているといわれる。そうした修正主義党派は、自己の主張をエンゲルスの言によって正統づけようとする。創始者の言なら修正主義にならないとでも思っているのだろう。だがそのエンゲルス自身を修正して引用すれば、やはり修正主義になるのである。エンゲルスはけっして革命的暴力を否定していない。一九世紀全体を通じて種々の戦闘に支配的であった市街戦（バリケード戦）については、たしかに時代おくれになったと、彼は晩年に指摘している。それは第一に、国家暴力が比類なき肥大化を遂げている点から説明しているのであり、第二に、ようやく労働者にも政治的自由の利用が、議会の利用が可能となってきた点から説明しているのである。国家暴力が消滅したとか、国家暴力と革命的暴力の対決はもはやありえず議会のみがあるなどと、彼はけっして語っていない。エンゲルスの言が修正されて公表されたことを、本人自ら語っている。エンゲルスのこうした発言は、一九六九年に出版された『マルクス主義軍事論』（鹿砦社）に「将来の市街戦」と題して収録されているので、それを参考にしてほしい。国家暴力が（国家の存するところ）古今東西を通じて、一貫して存在していること、また暴力的でない国家はありえないこと、これに関する論証は、マルクスとレーニンが明白に述べている。それをわがものとして確認するならば、現代における革命的暴力の必要性、不可避性は否定しようのないところである。並立する労働者党のなかで、この点を無視し圧殺する党は、けっしてプロレタリア革命の党派ではありえない。すべての大衆運動を一票の投票に集約せんとして議会主義路線をひた走る党は反革命党である。

二〇世紀にはいり、たたかわない労働者が増大したといっても、議会主義的反革命党にとってはけっこうなことである。たたかわない労働者とたたかわない革命党、実際似た者同士である。労働貴族と金持革命家は革命的暴力とは無縁である。原理的にみれば、賃金労働者は革命的である。しかしほかの労働者が搾取されているのに、そこからあがった収益のおこぼれをもらってぜいたく三昧にふける賃金労働者は反革命的である。資本主義の最強同盟国たるアメリカ、西ドイツ、日本等の労働者は、第三世界の弱小諸国の労働者を直接間接に搾取している。また日本国内でも、大手企業の特権意識をもった労働者一族は、零細企業の労働者や日雇い労働者を差別し抑圧している。この分析は客観主義者には認められぬものである。彼らにとって革命的労働者とは何よりも賃金労働者一般であるから。下層民が下層民らしからぬ富をもったならば革命は卒中をおこす、というビューヒナーの指摘は現代にもあてはまりそうである。それを十分心得ている支配者どもは、労働者を分断し、たがいに敵対・差別させ、階級意識・団結を破壊するために、労働者に等級をつけ、上級にはそれ相当の富を恵んでやる。そうすると、自分もえらくなった、世の中に認められたと思う上級労働者は、支配者に尾をふりはじめる。この現象は何よりも支配者どもの策謀の結果である。しかし、労働者の分断搾取を取り除くためには、いまだ革命的志気を保持している人々、当然もっとも抑圧され、貧困にあえいでいる人々が、当面のあいだ苦しい孤独なたたかいを強いられるのである。

圧倒的な労働者が暴力的変革を拒否しているというのに、そのほかどこに革命的志気を失わないでいる人々がいるのか、とたずねる人々がいる。革命はすでに卒中をおこし、ありうるべきは改良でしかない、とあきらめている人々がいる。そのような疑問や指摘はなるほど真実のようにみえるが、けっして普遍的なものではない。地理的空間と時間的空間を考えてみよ。ブルジョアジーはその双方を同時に支配することができないのである。先進国のブルジョアジーは、自国の革命を麻痺させるために多少とも労働者の言い分を聞き、彼らに利益を与えてやる。だがそうした余裕は後進諸国の人民を搾取してはじめてかなうのである。支配者どもはこちらの労働者を手なずけるためにはあちらの労働者を苦しめるという手段をとるのである。また支配者どもは、一時的に労働者を去勢しえても、それを永続させようとすればますます己れの利益をあきらめねばならないから、それはできないのである。そんなわけで、先進諸国の労働者は、後進諸国の人民がだまって耐え忍んでいるあいだはまがりなりの高賃金にありつけようが、けっして安定してはいない。

マルクスが原理的に確認した賃金労働者に、客観主義的に依拠する革命は不可視である。マルクスがドイツ革命で客観主義的にブルジョアジーの革命性に期待し、そして裏切られたように、こんにちたたかわない労働者に、労働者だからといって全面的に期待をかけても何事もおこらない。それは、富裕な労働者が反革命を唱えているのでなく、ブルジョアジーがそのように操作しているという意味においてである。来たるべきプロレタリア革命は、ガリアの雄鶏の雄たけび（フランス革命）ではなしに、後進諸国の革命闘争が日増に拡大していくなかで、ブルジョアジーが先進諸国の労働者をもはや反革命の鎖にしばりつけておけなくなった時点で、先進国、後進国の同時的な革命として開始されるであろう。来たるべき革命が、いまは眠りこけている人々をも含めて、全労働者の手で、世界革命として成就されることはまちがいないのである。マルクスの原理的確認がけっして誤っていないことは、その時こそ再確認されよう。したがって、こんにち、革命的暴力を真剣に、ということは国家の本質をけっして誤らずにとらえている人々が後進諸国の人民や、先進諸国の下層労働者であるからといって、ストレートに後進国革命即プロレタリア革命、窮民革命即プロレタリア革命という結論を引き出すのは、主観主義的な誤りである。プロレタリア革命は、すくなくともアメリカ、西ドイツ、日本等、もっとも強大な帝国主義諸国の労働者が自国を揺るがさないかぎり、最終的には成就しないだろう。永続革命の只中で、全世界がブルジョアジーの世界同盟とプロレタリアートの世界同盟に分化し、国家暴力と革命的暴力とが熾烈な戦闘を展開するようになる日こそ、革命的暴力の勝利する日となろう。

主観主義に陥ることなく、あるいはそれ以上に客観主義に陥ることなく、現在の労働者人民のおかれている位置を十分把握し、たたかう陣型を日々強固にしていくことが、革命にとっていま不可欠の課題となっている。後進諸国での、はげしさを増しつつある革命闘争に呼応して、日本でも革命的暴力が復権した。戦後の平和と民主主義の終焉は革命的暴力の蘇生を意味している。それは種々の誤ちを犯しながらも、もはや絶えることなく前進しているし、前進させねばならない。それを担う者が、たとえ客観主義者や反動の連中によってデクラセ・インテリとかルン・プロとか非難されても、またたたかわない労働者党から過激派、暴力学生とののしられても、彼ら自身が主観主義に陥らないかぎり、その使命は偉大である。

一九六〇年代後半の大学闘争で登場してきた革命的知識人、学生、「不況」という名のもとにブルジョアジーの搾取をもっともひどくこうむっている日雇い、下請け、臨時労働者、これらの戦闘的な労働者人民は、各地の大衆運動の中核として、革命的暴力を大胆にかかげる主体なのである。

〔★フォースとヴァイオレンス、石塚正英ブログ【歴史知の百学連環】2019／1／23－24〕

第二部 ■ 知の行動圏域

第八章　学問における自立空間を求めて　―一九七〇年前後―

一　立正大学熊谷キャンパス全共闘はどこへ行く？

熊谷キャンパス自治会は本年（一九六九年）四月に代議員選出を行なうことにより、その機能を、すなわち自治を貫徹するべく活動を続行してきた。スローガンにはサークルボックス、学館、図書館の解放、学バス運行等がかかげられた。さらには大学当局に対する、反動権力に対する意味を含めた、自治会規約再確認問題が闘いぬかれてきた。大学当局は自治会を認めていない。しかしことわるまでもなく、熊谷キャンパス自治会は我々学生の自治を保証するものとして存在しているのであるし、そのことは熊谷キャンパスにおいての自治会運動の実体そのものが証明している。

代議員大会は四月以降をみても数度開かれてきており、常に自治の圧殺に抗して活動を展開してきた。その頂点に達したと思われるものが、六月下旬の自治会規約再確認全学投票運動であった。熊谷キャンパス全学生の過半数の投票の結果、圧倒的多数の承認を得て勝利した闘争ではあったが、末日の大学当局と中央執行委員会委員長との話合いの結果、当局は、学生総体としての動向、意志をまったく無視した、いや弾圧した返答を押し通したのだった。

六月段階までの状況の変貌を考えてみよう。そこにおいては、全学投票の結果このような状況を産み出すだろうことは、はたしてはじめから察知できないものとしてあったのではない。だから、全学投票の勝利あるいは敗北は、大学当局の出方・返答によるのではなく、総投票数のうち（けっして数の問題に矮少化されてはならないにせよ）、いかに承認投票数が多いかの問題、つまりは全員加盟制の中、意識・主体性がいかに存在しているのかが問われていたのである。そういった観点から、全学投票そのものは、まさに勝利を奪いとったのだ。

では、その圧倒的勝利を一つの段階としてさらなる発展を可能にするには？　当然のことながらその団結・意識の共通性、各個人の自治会への主体的なかかわりを、大学当局すなわち不当弾圧をかけてくる権力へ向かって結集させ進撃を開始するものとして、指導部の組織的・攻撃的態度が必要とされていたのである。つまり、六月段階から九月段階において、さらなる闘争形態としての大衆団交・幾項目かの確認書を、間髪入れずに闘い勝ちとらなければいけないものとしてあったのである。

しかし九月段階においての状況は六月のそれとは大きくちがってきた。七・八月の永い休暇期間にともない、意識化・組織化の停滞、低落が生じてしまった。さらには、八月三日の強行採決以後一七日より施行の大学立法体制下における闘争形態の変化、流動化等がある。そこで前もって問われる重大なポイントは、そういった状況の変化を熊谷キャンパス自身の展望の中にいかに読みとり内実化させ、さらに具体的な形態として九月段階においていかに乗り切り勝利してゆくのか、ということであった。

さて、現実の問題として九月闘争はどのようであったのか。それはまさに、五日の全国全共闘連合に結集するべく熊谷キャンパス全共闘結成を推し進める時期であり、その前段階的要素をたぶんに含む各闘争委員会結成であったように思われる。その時点において九月以前の自治会運動はどのようにとらえられていたのか。全員加盟制のポツダム自治会の限界性をさらに乗り越えるものとして、個人個人の主体的な参加である全共闘に結集する方向をもってとらえるようになっていたのだった。

ここで注目しなければならないものとして、運動に限界というものをもつ全員加盟制のポツダム自治会がある。それは、まさに学内闘争から街頭闘争へ、個別学園闘争から政治闘争へと発展・転化する中、六〇年代を通じて限界性というものが一つの矛盾として露呈してきたものなのだ。そういった限界を乗り越え、さらなる闘争基盤・闘争実体の拡大化・内実化をみる中、全共闘運動があらわれてきたのである。

熊谷キャンパス自治会において三年前から闘わされてきた闘争実体すなわち自治会が、そのまま九月段階において限界をみたという物質的証拠はどのようなところにあらわれているだろうか。そのことからさらに、では熊谷キャンパス自治会運動の限界といったものを（それがあらわれているとするならば）、どのような運動実体（形態ではなく）をもって乗り越えようとしているのであろうか。

ところで、熊谷キャンパス全共闘に結集している各闘争委員会は、いったいいかなるかかわり方をしているか。そのことに触れるには次のことを考えなければならないであろう。全共闘を構成する各闘争委員会なるものは、いかなるセクト主義をも主張するものではなく、まさに個人参加による、ノンセクト・ラディカルズの結集したものとしてとらえられるものであると同時に、反面、あらゆるセクトに属する者を結集し、まさに学生戦線を完全にし、その連帯を強固にするものとしてあるのではなかろうか。また個人個人の関係は共闘関係なのであり、だからこそ各個人の結集した闘争委員会、さらにはそれらを組織する中、全共闘としての共闘関係が成ってゆくのである。だから特定のセクトによる、あるいは特定の闘争委員会によるヘゲモニーによってはけっして動かされるものではないのだ。とりわけセクト主義化される全共闘といったものは、はたして共闘会議ではないのだ。

かかる点を熊谷キャンパス全共闘にみるならば、各学科闘争委員会は各々実体として何ら全共闘（準）結成以前に存在していたものはない、あっても単数に近いのである。さらに各闘争委員会内部をみるならば（もちろん全てというのではないが）活動家が少数で、あとのメンバーはまるでデモ用員ないしは集会アジ用員化しているのではなかろうか。わずか数名の活動家を事務局員とでもすれば、残りのメンバーは完全に思考節約を余儀なくされるのである。そのことは決して数名の活動家に問題があるのではない。問題は本来逆なのであって、各個人が主体性の欠如と階級意識の低さをいかにして自己に問い正すかということにある。さらに問題を逆についてゆこう。そういった意識化、組織化の内実化していない段階においての闘争委員会を結集した全共闘というものは、まさに、セクト（そのことは取りも直さず意識化、とり訳組織化された集団）によってのヘゲモニー問題へと導くということになる。

ここで我々の全共闘へのかかわり方、闘争委員会へのそれはどうあるべきか、その問題が非常な重みでのしかかってくる。本来闘争委員会とは、誰もがいつでも個人の主体的なかかわりとして参加するものである。だから常に主体との対立があり、さらに討論、実践の結果、共闘が生まれる。そこにおいては、個人の誰でも何でも実践し得るだけの意識性が必要とされるのであり、それがあってこそ主体的にかかわっているといえるのだ。そういった意識を持ち得ずしてとうてい組織化といった段階はつくり得ないし、当然、闘争委員会総体としての活動実体は生まれてこない。

では、我々の今為すべきことは何か。それは闘争委員会の徹底した意識化、組織化である。つまりは闘争委員会の基盤である各クラス、各学科へのオルグ活動、クラス討論などを勝利させてゆく中、諸個人の意識化をはかって闘争委員会に結集させてゆくことにより、組織化を貫徹してゆくことでなければならない。と同時に、そのことは次のことによって保証されないかぎり決して物質化をみる段階にいたらない。それは、全共闘に結集する、意識化、組織化した活動家集団による国家権力へ向けての、世界帝国主義者どもへ向けての反帝実力闘争である。そうして革命的危機をつくりだし、さらにそれを階級的危機に転化させてゆく、といったはてしなき階級闘争の存続をもって物質化されるのだ。

我々の弛まぬ闘争は、けっして、デモや集会（とり訳、中央権力闘争へ向けての統一集会）のためにのみ結集し個々の闘争を自己目的化するような位置づけのもとにあるのではない。また闘争委員会は個々の闘争のもり上りを、そのまま独自の個別闘争として終わらせるのではなく、全共闘の旗のもと広範な学園闘争、さらには全国学園闘争、労働者・市民を含む階級闘争へと発展・転化させてゆかなければならない。だから、全共闘への各闘争委員会のかかわり方は、けっして各々の個別闘争の集合、総合した運動、つまり各々に注目すればば結局各闘争委員会で個別に闘っているのとなんら変わりのないものととらえるのではなく、全共闘運動の一環として、共闘のまさに文字通りの一環としてとらえなければならないだろう。

こうして、常に流動化してゆく状況の中で、いかにそれを読み取り内実化してゆけるかという問題は、熊谷キャンパス全共闘のかかえている重大なポイントであることはいうまでもない。そのことを現実化してゆく過程には、先ほどの諸問題がいかに発展・展開され、勝ち取られてゆくかが含まれている。熊谷キャンパス全共闘は何処へ？

〔★本論文は、立正大学新聞会々員である時に、一九六九年六月全学投票闘争から六九年九月以降の熊谷キャンパス全共闘運動の展開過程を同大学学生新聞（一九六九年一二月二五日付、第二二一号）にて論説したもの。一九六九年一一月執筆。なお、熊谷キャンパスは一九六七年の開設。〕

二　学問論を原点として

昨年（一九六九年）一一月安保闘争以後、熊谷キャンパス全共闘が崩壊し、レリック（過去の遺物）となった史闘委（史学科闘争委員会）は、大衆闘争の次元において学問領域における体制暴露戦略を闘争の軸とし、その具体的な闘争戦術を専門授業粉砕へと物質化していった。そしてそれまでの段階として、学問領域において大学教育制度がブルジョアジーによる支配機構の一部として全く我々とは相容れない型で学問を食い物にしていることを暴露し、大衆次元において広くそのことを認識するに及んだ。

私は個別史学科において、闘争戦術の決定を学問領域に求めたことを、かなりの程度で楽観視している。何故なら、学生が大学に存在するについての第一の欲求は「学問する」ことにあるからであり、すべての学生大衆が共通して恒常的に、向上的に意識を持ち得る次元は彼等の生産活動の場、即ち「学問する」ことを保証する何ものかを求める場であるからである。また、それはとりもなおさず「学問するとは何なのか？」を問いかえす場にほかならないからである。

史学科における大衆闘争は、その核となる部分であり、かつ政治という次元へとそれを発展させ得る媒介となる闘争委をレリック（全共闘なしの一匹狼）として保持していたにすぎなかったため、今年四月以降まったく混迷の情況にみまわれていった。

四月一〇日の入学式闘争において史闘委は、その展望の中に一つの問題を提起した。それは、細分することはまったくナンセンスなのだが、無理矢理分けると次の二点についてであった。

一つには、史学科を直接基盤とするのみの史闘委の戦術を、全学科を基盤とする全共闘の戦術としてゆくことであった。つまり史闘委の戦術を、個別史学科を対象とするところから全学科を対象とする学園闘争へと発展させてゆくことであった。

一つには、個別（学問）領域における史闘委の戦術を、政治闘争としての全共闘の戦術にまで発展させてゆくことであった。つまり史闘委の戦術を個別領域闘争から、階級闘争へと転化させてゆくことであった。

入学式闘争は、この様な段階を止揚してゆくステップとして為されることが必要であった。そこで、四月一〇日以後の四・一〇闘争の経過を通して煮つめられて来た過程、つまり新たな全共闘構築へ向けての熊谷キャンパス共闘の闘争過程を追ってみよう。

四月以降、全共闘をいかにして地区共闘（熊谷市の労働者・市民と立正大学学生との地域的共闘）の次元において再度把握してゆくかが問題視されるに及んで、新たな全共闘が、その質的転換と量的拡大化を含んで叫ばれてきた。

地区共闘を構想に持ちつつ新たな全共闘を提起する場合、にもかかわらずそれが大衆組織であることを考えるならば、大衆の意識形成の分析を必要とする。その様なとらえ方で四月以降の熊谷キャンパス共闘の闘争戦術の三つの環を検討すれば、一つに自治会代議員選、一つに寮問題、一つにサークルボックス闘争、があった。

ここで一つ問題になることに、先に史闘委の基本的な闘争戦術であったところの学問領域における個別闘争と、此等三つの各個別闘争との結合はいかにして為されねばならないのか、ということがある。

後者の三つの闘争戦術に共通して認識できる点に、「自治」という問題がある。そうであるがゆえに、此等三つの闘争は結合してとらえることができるかも知れない。しかし前者の、学問領域における「学問する」というとらえ方を、いかにして後者と結合させ得るか。考えるに、これほど馬鹿げた問題意識もない。我々はここでは「大学に存在する」という意味をちょっと、いや深く、考えてみよう。我々は大学に存在するために学問するのではないのである。だから、「学問する」と「自治」という言葉の間に「大学に存在する」という言葉を入れて、それら三つをもって一つの関係概念を規定してゆけば、学問領域における闘争は必ずや全学科的な大衆闘争となり得るのである。

四月一〇日入学式粉砕闘争以後、大衆闘争の次元における史学科学生の意識が政治の質を持ち得るには、熊谷キャンパス総体の、いや立正大学総体の意識形成を必要としたし、また指導党派による政治闘争への目的意識性をもった闘争展開を必要とした。

その様な必要性を含みながらも、史学科においてはさらなる強固な闘争主体を形成してゆくために、クラス、サークルにおいて地味な情宣活動を行なっていった。

クラスにおいては、二学年は勿論一学年のクラスへも介入してゆき、各クラスはその中から数名ずつの闘争主体を形成していった。そして一、二年が通う熊谷教養部史学科の六クラスすべてが各々独自の組織的活動のでき得る情況をつくりあげていった。

サークルにおいては、昨年来激烈な討論、意識分解、そして内部分裂を経て再度サークルを自立した運動追求の場へと発展させていった考古研や、現在、討論、意識分解を推し進めつつある中世史研などが、サークル運動論を機軸にさらなる展開をしようとしている。

史学科内においてこの様に闘争主体の形成と意識形成を恒常的に推進して来た結果は、五・二三にはじまる大学当局と国家権力とによる四・一〇闘争弾圧が露骨に行なわれだして後、明確な形であらわれてきた。

五月二三日、史学科学生は一つの大きな問題にぶつかった。それは大衆組織と政治組織の問題であり、大衆闘争が政治闘争としての質的転化を得るについての個別領域と政治の問題であった。二三日に、それまで熊谷キャンパスにおいて大衆闘争を領導し、それを政治の問題に、つまり階級闘争へと質的転化をはかろうとしてきた各党派、とりわけＳＳＬ（社会主義学生同盟）の活動家諸氏が大量検挙による不当弾圧をうけ、二三日以後、新たな全共闘構築へ向けた闘争が政治の次元にまでその展望を持つことを困難にしていった。そして四月以来の三つの環や不当弾圧に対する闘争等を六月安保闘争へ結びつけるのが困難となり、個別領域闘争＝学園闘争を安保闘争＝街頭政治闘争へと結びつけるのが困難となった。こうして、政治の次元において再度大衆闘争を把握し直すことが困難な情況を呈していったのであった。

そういった情況下における史学科の闘争戦術は、大衆闘争を組織してゆく、つまり全学科を組織してゆく熊谷キャンパス共闘の戦術とせねばならなかった。そこで実践されたものは各クラス・サークルへの介入であり、授業粉砕、討論会設定の路線決定であった。その際それが全学的に展開してゆく過程で、不当弾圧粉砕闘争が大衆闘争の高揚をつくりだしていった。つまり、六・一五安保の事前逮捕によるパクラレ第一波は良いものを残したし、その後時々パクラレた者は、大衆の意識を持続させさらに深めた点で犬死ではなかった。この闘争は、直接には大学当局、国家権力の権力機構を暴露してゆくものだったのだが、そのことがかえって個別領域闘争の獲得目標を鮮明にし、さらに発展させて安保・沖縄をとらえかえす政治の質を個別闘争に与えていく情況を、—少なくとも史学科では—つくりだしていった。

五月下旬には史学科に連絡会議を設置した。これは構成としては各クラス、各サークルから一名ずつの代表者を、それから一名の議長を設定することにより、恒常的に情宣、戦術会議を開き、当面六月闘争へ向けての（史学科に焦点をおく）大衆闘争を組織してゆくものとしてあった。そして、史学科における闘争を全学科的な規模で展開するべく、五月二五日以後連日の団交、集会を勝ち取っていったのである。

こうして、全学科中における史学科の闘争はもはや学問領域という個別闘争の段階を止揚し、討論の内容は安保・沖縄の問題へと発展していった。それが具体的に戦術として決定されていったのが、六・一九〜六・二三の史学科ストライキ決定であった。

史学科においてはいちはやくストライキ実行委が設定され、連日の情宣と共にスト権を確立し、一九日〜二三日には授業粉砕、各クラス討論、学年合同討論、史学科合同討論を次々と決行していった。その中で討論された内容は、個別学問領域における諸矛盾暴露の段階（この段階は昨年一二・五専門授業粉砕以降煮つめられてきた）を止揚し、政治討論（安保・沖縄）に飛躍できた。そして六・二三、史学科生の街頭闘争参加人数は六〇名以上となり、殊に二・二二クラス、二・二三クラスにおいてはクラス員の過半数が、また考古研では殆んど全員が、街頭政治闘争を闘ったのである。

私はここに、昨年一一月以降全共闘崩壊後の史学科における大衆闘争の展開を述べてきたのではあるが、最後に、今後の展望を語るについての決定的な問題をいっておきたい。それは闘争主体の問題である。

史学科内において闘争を展開してきた数多い活動家に欠けている点、それは政治的組織と大衆組織の区別という問題である。史闘委は大衆組織であった。であるが故に個別闘争としての大衆闘争を領導できはした。しかし階級闘争としての大衆闘争を領導するのに活動家に要求されるもの、それは政治性の問題だということなのである。

〔★本論文は、史闘委（立正大学熊谷キャンパス文学部史学科闘争委員会）メンバーである時に、一九七〇・四・一〇入学式粉砕闘争〜七〇・六・二三反安保ストライキ闘争期に関する総括を文章化したもの。一九七〇年八月執筆。立正大学学生新聞（一九七〇年九月二五日付、第二二六号）掲載〕

三　学費闘争と学問領域

六月闘争（学生新聞、九月二五日号「学問論を原点として」）にみられるように、我々の闘争への決起の発端は、「学問することを保証する何ものかを求める場」の獲得（＝大学研究機構批判・大学教育制度批判）であったのだが、「学問するとは何なのか？」を問いかえすことは、たんにスローガン的にかかげられたにすぎなかったといえよう。だから「自治会代議員選挙」「サークルボックス闘争」「寮問題」と「学問する」こととの関係を運動として一致させることはできずに、原点と座標の各点とは分離されていった。「学問」はなるほどそれのみで「批判」の武器となっていったが、けっして「学問そのもの」への切り込みではなく、体制批判のための「学問」といったようすを示した。

学園闘争における個別（学問）領域の位置は、現実の運動の中では政治の領域へ止揚されることがなかった。なぜなら、六月闘争においては、個別（学問領域）闘争の段階を止揚し政治の次元において再度個別闘争がとらえかえされることがなかったからだ。新聞会主幹である深田氏の表現する「自立空間」をつくりだしてはいなかったからだ。「学問する」ことを保証する何ものかを求める運動は、批判の運動となりがちである。そうではなくて「学問する」ことそのものの意味をとらえることが必要である。本来、運動理論の原点は「学問する」ことにあり、そこからさらに大学、市民社会へと論理展開をしてゆく、各々の運動を「学園闘争―大学解体・反大学論」「社会革命論」として構築すべきなのである。しかし「学問論」は、本来そうあってはならないのだが、「大学論」「市民社会論」を展開するためのたんなる糸口でしかなくなってしまい、「学問」自身をとらえかえすことはなされなくなってしまうのである。

「学問する」ことは認識運動として完結するものでなく、市民社会へ何らかの規定を与えていくものとして、さらには社会革命を志向するものとして論理的に把握されなければならない。社会科学（学問）の担い手は常に社会科学批判者であることが要求されている。その場合、つまり社会科学を批判する場合、社会科学を一つのイデオロギーとしてとらえてゆく意味での批判というのではなくて、社会科学の対象すなわち社会を、科学の対象としては否定してゆく意味での批判でなければならない。

さて、史学協（史学科学生協議会）における「学問」の位置づけは、昨年の史闘委（史学科闘争委員会）、そして今年の六月闘争の時点における位置づけとはちがってきている。表現すれば、「学問」を受動的にとらえる次元から「学問」を（能）動的にとらえる次元に飛躍したということである。

受動的な「学問」のとらえ方は、「学問」を闘争の原点にすえるが目的はそこになく、そこから大学論・市民社会論を導き出すことを目標とし、「学問」をその意味での生産活動とすることである。それに対し（能）動的な「学問」のとらえ方は「学問」を非日常的営為、日常を打破する行為ととらえ、「学問」自身を他のためでなく自らの生産活動として明確に位置づけることである。だから、（能）動的に学問する主体は運動＝自己表現する主体であり、運動＝変革する主体であって、「学問する」ことはたんに「認識する」という意味ではなく、新たな価値観の創造、そして新たな〈主体―客体〉の関係をつくりあげてゆくということである。

ところで、学費・処分闘争の総括をするについては、先に述べておいた「学問」における「原点」と「自立空間」という表現が運動として展望されるに至ったことが最大の焦点となる。

六月闘争（反安保街頭カンパニア）までは、学生大衆は、「学問」を原点にすえるかぎりにおいて即自的に政治性を獲得していった。しかし「学問」を「自立空間」として創造しえなかったが故に、やがては個別（学問）領域と政治との関係をとらえそこなって日常（性）へと埋没した。これに対し一一月闘争（学費・処分闘争）では、「原点」と「自立空間」との関係が明確にうち出されてきた。その問いかけは、「学問とは何か？」という抽象論にはじまらざるを得なかった昨年来の次元を突破し、「学問と思想」「革命の認識と革命の志向」

等の関係をあばき出してゆく中から、「学問は我々の存在からいかに説明されるか？」という問いかけとなった。自己と他者の関係が主体と客体の関係となるが故に「学問」は認識一般としてあるのでなく、思想を前においての認識としてある。認識一般は変革の要素を含まない。認識することは、変革することによってはじめて価値をもつ。

〔★本論文は、闘争組織史学科学生協議会（史学科闘争委員会の再編組織）メンバーである時に、立正大学が持ち出した学費値上げに反対する闘争を組んだ、その闘いの総括文。一九七〇年一二月執筆、同月一二日付史学科学生協議会ビラ「七〇・一〇～一一月学費闘争の総括」に掲載。〕

四　史闘委解体　――全共闘運動の挫折

自然発生的反乱（反抗・抵抗）に全面的に依拠するならば、闘争組織など、計画としての戦術として形成する必要は生まれない。

何故闘争組織を形成するのかといえば、市民社会におけるあらゆる矛盾を政治過程の矛盾として集約していく中で、その止揚を政治闘争として闘わないかぎり、一切の闘争は改良闘争に終始するか、さもなくば国家権力の弾圧の下に完全に粉砕されてしまうからに他ならない。

組織形成をするということは、しかし、単にブルジョア（市民）社会の矛盾を自覚したものが、また何らかの反抗を志向したものが野合することではない。もしそうであるならば、何か一つの改良目標があってそれが獲得された暁には、その組織は解散するだけのことだ。我々が組織する運動は、組織形成そのものがいかなる質を保持してゆくかによって改良闘争ともなるし、悪しき結果は個別利害を追求するエゴイスト集団の運動ともなりかねない。我々の組織する運動は、生活過程、生活に密着した部分における個別（エゴイスト的）利害と国家（ブルジョア的＝エゴイスト的）利害との衝突から、普遍性としての共同利害獲得を目指す運動に端初を求める。国家利害は政治的共同利害のことであり、決して普遍的利害ではない。それはブルジョア共同利害であって階級利害である。ブルジョアは、個別利害を共同利害の下に従属させ自己を（支配）階級として定立させずしては個別利害を追求することができない。したがってブルジョアはブルジョア共同利害の枠内において最大限の個別（エゴイスト的）利害を追求する。

我々の組織する運動は、一つに、自らが過去につちかってきた価値観の転倒と、それを通じての、多量の持続せる闘争主体の産出である。それは疎外感の自覚と、その位置からの自らの解放を志向する人間の産出である。しかし、我々がいかなる（質の）組織を形成するかによって、決起した主体が即自的大衆に逆もどりもするし、価値観の完全なる転換と定着がみられずに終結もするし、階級形成など実現せずに終わりもする。疎外感の自覚のみでは、持続せる運動はおこせない。ではいかなる質をもった組織を形成してゆくのか？　それを語るには、我々が六九年以来二ヶ年熊谷キャンパスにおいて展開してきた組織形成と基盤獲得の運動を総括してみなければならない――史闘委（六九・六～七〇・四）、考闘委（六九・一〇～七〇・四）、Ｓ・Ｐ（サロン・ピンク、？～七〇・一二）、史学協（七〇・一一～？）。ここでは史闘委と史学協についてふれる。

史学科闘争委員会（史闘委）は、なかば自然発生的に結成された。そして、そうであってはならないと自覚し総括したのは、史闘委構成諸個人の政治性獲得の問題を討論した六九年一二月、長野市での合宿においてであった。現実の運動としては、六九年一〇月～一一月安保闘争期に一定程度政治セクトへ依拠したことによる内部分裂を契機としていた。何故史闘委は当初自然発生的に結成されたのか、そして六九年一一月以降何故内部分裂を深めていったのか、については、結成当初の組織の欠陥に焦点を合わせなければならない。（因みに、当時の全共闘組織は党派間統一戦線としてあったものの、ノンセクトが党派を乗り越えた形で運動を展開していったこと、党派の指導性が欠落していたことを述べておく。）結成当初は、発起人三名のうち二名は全学協（熊谷キャンパス全学学生協議会、一種の学内党派間統一戦線）メンバーだった。残る一名（上条三郎）はノンセクトだった。ここにおいて形態的にはブント系シンパによる一定の社学同依拠の政治＝党派性がみられた。さらに後、四名の活動家が核を形成したが、彼らにセクト性はみられなかった。

六九年六月全学投票を指導した全学協が九月以降指導性を喪失すると、史闘委メンバーのうち全学協員一名は退会し、残る一名も自然退会していった。以後の史闘委は、個別闘争としての学園闘争を政治闘争―全共闘運動へと高めるのに要求される政治性を、一つのセクト（安保共闘）へ依拠する形で追求した。現実の運動としては、六九年一一月闘争における安保共闘との共同闘争によって定着していった。

しかし、史闘委のヘゲモニーはけっして安保共闘の政治性によって完全に掌握されたわけではなかった。史闘委内における政治性獲得の方向が以後一方に安保共闘への依拠を生みながらも、他方では社学同への依拠のあったことがあげられる。一一月闘争において安保共闘と共同で闘ったこと、また熊谷キャンパスにおいて史闘委が単独で授業粉砕＝教授追求闘争を行なったことを総括し（六九年冬期合宿）、再度七〇年四月に至って入学式闘争を安保共闘、社学同、中核、反帝学評との共闘として闘った後、史闘委は分解した。

分解後、その一部は、「学問する」行為を自立空間創造の運動として展開しようとした。それは主に考古研である。彼らのとらえようとした学問＝文化創造運動は、文化領域に限定（できないにもかかわらず）しようとする〈政治―文化〉運動接木行為に陥りがちだった。彼らは、同時に運動を起こした歴科研（歴史科学研究会、上条三郎創立）と共々、そうした歪曲された運動を常に批判しながら、結局は、学問する主体を、価値観を転換し自らの思想を構築していく主体として定立し、批判の学問から創造の学問へと、対象（歴史なり遺跡なり）へのかかわりをとらえなおしていった。その場合、自らの思想構築は価値観の転換であるのだが、何が何によって転換されるのか？という自己への問いかけがなされた。そして、過去につちかわれた個別エゴイスト的自己を否定的に認識し、しかもそれは必然として関係づけられた、規定された自己であることをもって、その関係、規定の物質的基礎を破壊していく、体制の枠そのものを否定していく運動を認めることとされた。

以上の如き前提を踏まえた上での文化運動は、政治闘争と共に総体として社会革命によって完結するとの確認から、セクト（政治）でなくサークル（文化）に自己を位置させそこから政治闘争＝闘う必然性を認識しようとする者たちに要求されるのは、その確認の物質化を検討すること、自らの政治性を獲得していく中で「新しい考古学」なりを創出していくことである。政治性を追求せよ、ということをもって、文化運動を放棄してもいい免罪符にならないことは、上述の確認によってことわるまでもないことだ。

史闘委の分解から、いずれ史学協（史学科学生協議会）を組織する部分が出てきた。七〇年の六月闘争期には多量の史学科生が新宿などでの街頭カンパニア闘争へと流出した。この現象は、学生大衆が、大学という直接的に経済的ショックを受ける領域でなく、直接自身の価値観に依拠できる領域で「階級的政治的意識」（レーニン『なにをなすべきか』）を獲得していきやすいことを示す。しかし史学科において、そうした意識を個別闘争を媒介に形成するには、それを指導する組織理論が欠落していた。だから、東京都下の街頭へ流出した学生大衆を学内で再組織する核を再形成せねばならなかった。

それは、「学問」への接近によって方向付けせねばならない。「学問」への接近は文化の領域であり、サークル運動として展開されねばならない。

それは学生大衆にとって、ゆきつくところ大学内（市民社会内）存在としての自己の規定性を自覚することになり、自己の依って立つ思想基盤を自覚し、価値観の転換に突きすすまざるをえない自覚をもたらす。そしてその転換は、旧来の接木的運動論や赤色サークル運動論を根底から打ちくだく。

サークルにおいて「学問論」を構築し検討してゆくことは、学問する自己が、学問する他者との間に介在する「学生」であるというブルジョア社会内的物質諸関係を同一性として否定的に認識し、その規定を破壊してゆく過程で両者の共同性を獲得してゆくことになる。そこで獲得される共同性は普遍的利害追求へ向けてのそれ以外にありえず、従って体制の枠は必ず突破される。体制の枠を突破する運動は権力樹立以外にありえないところから、その運動はサークル闘争委等の組織形成を促進していき、個々人に政治性の獲得を要求していく。こうして展開される運動は文化運動でありつつも、頂点としての政治闘争へと、自己のかかわる位相の二重化をはかっていく。こうして、サークル運動が存続しきる中で個々人の政治過程へのかかわりが可能となる。

以上の展開をうけて、旧史闘委の一部はサークル運動を促進すると共に、それとは別に相対的に独立したフラクションを形成していった。その結果、「持続せる闘争主体」産出へ向けての闘争組織結成が意志一致され、「史学科学生協議会」が成立した。その構成員は党的存在と自己規定してはいない。構成員個々人は先進的大衆の位置にある。史学協はノンセクトの集合組織である。しかし、旧史闘委と同様、史学協はセクトにあらずと声高に叫んだところで、個々人の政治性が十分に追求されない限り、この闘争組織が亜種セクト、ノンセクト・セクトとなることは自明の理となる。

〔★本論文は、闘争組織史学協メンバーである時に、サークル運動（文化の領域）と闘争委（政治の領域）の関係を明確化させるため、「史闘委解体から史学協組織形成の総括」として

一九七一年三月二四日に執筆。史学科学生協議会・討論資料『二つの組織―六九～七〇私的総括』（七一年四月二日～四日の史学協春期合宿で発表）に掲載。」

五　史闘委解体　―姉妹編

論文「史闘委解体―全共闘運動の挫折」で展開した様に、史学協組織はノンセクトの集合組織であることを述べたが、ここでは次の点をとり出して検討してみる。一つに、史学協組織の結合環が何処に求められるかを正すこと、一つに、史学協構成員個々人についての政治性の検討、一つに、以上によってこの大衆闘争機関が位置する位相を再検討し、運動の質と組織形態の将来を検討することである。

史学協組織結合の環について。もしこれが何しかの党の下部組織であるならば、政治性＝党派性が何よりも環となることは明白である。しかし史学協は所謂「セクト」ではない。環はその意味では「新左翼一般」という曖昧な表現をするよりも、「ノンセクト」という表現を使い、それを環とする。ここで表現する「ノンセクト」とは何か？

それは、自己を党的存在にまで高めることのない―位相の確保の問題―者が、自らの領域を文化のそれに定め、そこから政治性を志向するものとして自己を規定し、自らが体制と対決する場を究極には政治過程にとらえながらも、常に革命を社会革命として立体的にとらえかえすことによって、自己の位置する領域における自立空間を志向してゆく人間を意味する。その場合、「自立空間」とは権力（介入）の無い空間ではなくて、権力樹立によって保証される空間であり、政治運動が体現される。このような位置付けの下に権力樹立の闘争組織を創出してゆかなければならない。持続せる闘争主体の産出自身は権力の樹立につながり、史学協の組織形成はそうした自己権力樹立の運動が展開される過程である。だから「ノンセクト」という表現自身、必ずや政治性を獲得してゆくものとしてである。

史学協構成員個々人の政治性。まず問われることとして、彼ら個々人が依拠する政治性＝党派性はないと言い切れるか。そうであるはずはない。もし言い切れるならば「民青粉砕」とか「革マル粉砕」とかを叫ぶのもおかしい。史学協の構成員が自らを「ノンセクト」と規定することは、○×同盟△△派の活動家と位置づけないだけのことで、○×同盟△△派のシンパであっても当然だろう。彼らは自己の依って立つ位相を自ら《文化》に規定するが故の「シンパ」なのだ。場合によっては、彼らが自己の立脚点を党的存在に高めることは、各々の位相をとらえきることで可能であるし、その過程が進行することは、史学協の発展的解体、再編とうけとめられよう。現在の彼らの政治性は、今後新たな運動としての全共闘運動が統一戦線として再構築されてゆく過程において、常に高められてゆかねばならない。その内実化は―現在ゆきづまっている全共闘運動の階層のせまさを突破していき、その革命的再構築が、統一戦線の最高の形態としてのレーテ（評議会）へ向けて地区の形で止揚されてゆく過程にしかみられないだろう。

史学協が展開する運動は、常に（あたりまえのことだが）、「改良の果実」を獲得するための個別闘争に大衆が決起することをもってはじめられる。そこで史学協は、「改良の果実」を得るための組織として存在を強くするが、一方そうした改良闘争がまったく体制内的闘争でしかないことを示し、そのことによって持続せる闘争主体の産出を目的としていく。この過程をぬきにしては、史学協の運動の一切が体制内改良闘争に終始するのは必然である。

先に、史学協組織は、現在、自らを党的存在へと高め養成していく者が形成しているのではない、と記した。そのことはしかし（これも繰返しになるが）、政治性獲得の志向を否定するものではないし、党を否定しアナキストになるのでもなければ、党派アレルギーとかいうわけのわからぬ不条理の疑惑にかられてのことでもない。ここで問題にしていることは、次のレーニンの言葉に関連する。「もっとも秘密な機能を革命家の組織に集中することによって、広範な公衆を目あてとした、したがってできるだけきまった形をもたず、できるだけ秘密でない他の多くの組織―労働者の職業組合も、労働者の独習や非合法文書の読書のためのサークルも、他のいっさいの住民層のなかの社会主義的ならびに民主主義的サークルも、そのほかいろいろのもの―の活動の広さと内容の潤沢さは、よわめられず、かえって豊富になるであろう。このようなサークル、組合、組織は、いたるところに、きわめて大きな数で、きわめて多種多様の機能をもつものがなければならない。しかしそれらを革命家の組織と混同して、この両者のあいだの境界を抹消することは、また大衆運動に『奉仕する』ためには専門的に社会民主主義活動に全身をささげた人々が必要で、そういう人々は忍耐とがんばりをもって自分を職業革命家に養成してゆかなければならないのだという……意識を、大衆のあいだから消滅させるということは、ばかげた、有害なことである」(『なにをなすべきか』大月文庫一九一～二〇〇頁)。長々と引用したが、革命家の組織とは党を示し、その組織構造として職革《職業革命家》、労革《労働者革命家》を含むものを意味するであろうけれども、では史学協は「きわめて多種多様な機能をもつ」ものの一つであるのか―そのことは後に展開するとして、ここでは「学問」について語りたい。

学問における自立空間の創造とは一体何か？「自立」とは何にたいしてのそれか？「自立」は、ブル・イデ《ブルジョア・イデオロギー》の一形態としての文化(プロ・ヘゲ)の樹立によって以外に実体化の途はない。自己権力の樹立。自らの思想は実体化されねばならないし、実体化されることにより権力は権力たりうるのであり、自らの思想は実践として定着していく。権力の実体(プロレタリアのそれ)は人間である。学問における自立空間創造は権力の実体化なくしてありえない。意識としてプロレタリアでありつづけることは、実体としてプロレタリアに接近する過程（実践）でしか持続しえない。学問において〈知識―技術〉を得ることが自らの思想（構築過程）によって持続されるのだとしたら、自らの思想は、その意識の実体化・物質化を推し進める過程でしか持続しえない。思想の実体化とは、その実体が人間である限り組織形成となるだろうし、自己権力の樹立としての組織形成である。その一点において、もはや人間が政治過程に自らを位置づけなければならない根拠を与える。学問する主体は、その創造運動が権力樹立によって展開してゆくものならば、権力の実体化過程＝政治過程（運動）における主体として、文化（学問）と政治とを結合する方向に把握しなおしていかねばならないだろう（「結合」する限り「混同」するな！）。だから学問志向は、頂点としての政治過程を含んだ運動として把握されねばならない。学問する主体は自立空間を志向することによって政治闘争にかかわる主体として統一され、そのことによって自らの領域における自立した運動がなしえるのだ。

一九六七〜七〇年の全共闘運動において、所謂ノンセクト・ラディカルズが多量に輩出し、一定の党派乗り越えをしてゆく中で、彼らは権力の実体化を闘争委員会形態で開始していったが、現今の客観的状況―密集し、高度に武装しだした反革命―のもとに、それは消えうせていった。にもかかわらず、拠点を失ったノンセクト・ラディカルズは今や出入国管理をめぐる入管闘争、自衛隊駐屯地での叛軍闘争等々を闘う中、地区へと出た。そうした状況の中で学園闘争のさらなる展望をみるには、学生存在として、学問する主体として、個別領域に自立空間を創造せねばならない。自立空間創造とは、学問においてはその構造の変革を意味する。

ただし、闘争組織としての史学協の依って立つ位相は文化（学問）領域でなく政治過程（闘争）

である。学問する主体は、自立空間創造→闘う必然性→権力樹立の先に、政治闘争を担う組織を形成することになる。したがって、闘争（政治）組織史学協を構成する主体は、学問する主体である。再度、レーニンの言葉を読め！

〔★本論文は、闘争組織史学協のメンバーであった時、熊谷キャンパス一九七〇年の闘争総括として、七一年四月二日〜四日の史学協春期合宿で発表したもの。一九七一年三月二四日、二六日、三一日執筆。掲載誌は、『史学協』No.1、『史学協』No.2。なお、上記『史学協』No.1とNo.2はともに討論資料『二つの組織─六九〜七〇私的総括』に含まれる。〕

六　「自治」とは　─自治会運動批判

我々は、大衆運動の次元からみて自治会運動を批判する場合、それは次のような観点からではない。すなわち一方では自治会と議会制民主主義とを無媒介的に結びつけ、議会制民主主義はブルジョア・イデオロギーの一形態であり、ブルジョア的利害の下にすべての人民を従属させるものだとする。他方では、自治会はプチ・ブル層の個別利害を、大学における「研究の自由」の名の下に、結局はブルジョア的利害の下に従属させるものだとする。両者をこのように抽象化した論理でかたづけたり、多数決等の形態を指摘して同一のものとして批判するようなことはしない、ということである。

自治会運動が戦後民主主義の旗印、大学における旗印としてかかげられた一九六〇年に至る時期には、「守るべき自治」とか「学問の自由」とか「科学の平和利用」とかが国家権力によって圧殺・弾圧されているんだ！　という意識が依然として存在していた。そこから、ではそういう国家権力の圧殺・弾圧をはねかえし本来の人間性を回復するには、ブルジョア（自民党）政府を打倒し新たな政府、全人民の利益にかなった政府を樹立せよ！等のスローガンが叫ばれる水準にあった。その運動はしかし、六〇年を一ステップとして、明確に国家権力そのものを打倒する闘いとして発展した。

また「自治」は国家権力を打倒してブルジョア支配機構をプロレタリアの手に奪取し、すべての領域（経済・文化等）における闘争を政治的―全人民の―闘争として貫徹することによってこそ実現できる！　という運動に転換していった。けれども、その段階に至ってもなお「自治」の概念は、依然として「守るべき」ものとか「権利」としてあるとか、要するに現実の運動から一歩はなれた聖域に格納してあったのである。

一九六七年以降、階級闘争が暴力闘争として復権する過程において、「自治」を大切に格納しておくままでの自治会運動は、現実の運動の中にその「自治」を無理矢理さらけ出されてしまった。「自治」をさらけ出すということは、自治が幻想であることの確認であり、それは我々の獲得目標ではないことの認識である。「自治」は戦後ブルジョアジーによって与えられたものであり、それは我々が闘って死守する性質のものでないこと、それは「平和と民主主義」期における支配機構に一体化しているものであること、だからそれは我々が獲得するものでなく、ブルジョアジーが必要とする時にだけ歴史性をもって存在し、不用となった時彼ら自身の手によって破壊されるものであること、以上のことを知らねばならない。

自治会運動の限界というものは、多数決原理では運動がおこせないとか全共闘組織の方が闘いやすいから、という次元のものではない。自治会運動は明白に歴史性を与えられたものとして、資本主義経済機構の上部に咲く花である。我々がその「限界」を云々する場合は、「自治がいかなるカテゴリーとして表現されねばならないか？」の問いかけに答える必要がある。そして大衆運動自身が国家へせまる闘いとして展開され、そこに暴力闘争の質を獲得してゆく過程において、「自治会運動はいかなる質をもって大衆運動たりえるのか？」という問いかけに答える必要がある。そして、この限界を乗り越えるために全共闘運動が展開されてきたことを確認するならば、たんに自治会運動と全共闘運動の各々の形態を云々したり、自治会運動を議会制民主主義からアナロジーするだけでは、「限界」論は出てこない。
「守るべき自治」とか「学問の自由」とかの言辞中、「自治」を存在させていたのは国家権力であり、学問の「自由」を保証していたのは国家権力である。その制約の中では「変革の論理」が常に「認識の論理」に改造されつづけていた。我々の求めてやまないものは「守るべき自治」やら「学問の自由」やらではない。「自治」やら「自由」やらは作用か反作用である。権力が前提されている。我々の獲得するものは、権力の樹立でありつつも、終極における権力の消滅である。終極まで論理化される運動が求められているのに、そこになんで「学問の自由」やら「守るべき自治」やらのはいり込む余地があろうか。

〔★本論文は、闘争組織史学協（史学科学生協議会）メンバーである時、立正大学が未だ学生に自治会を認めていなかったところから、運動の根本的方向付けを意図して執筆したもので、『史学協』No.３と題するパンフレットとして発表（一九七一年四月二三日付）。なお、このNo.３は「二つの組織」に含まれない。〕

七　脱サークル論
――大学・国家・市民社会への〈脱〉

Ⅰ〈知識―技術〉主義者、機能主義者のサークル論の検証

（一）「サークルとは〈知識―技術〉の獲得、深化の場である」について

（ⅰ）サークル活動は、〈知識―技術〉の豊富な者が指導する。

（ⅱ）サークルの課題は、サークル員全員の有する〈知識―技術〉を平均した、その程度の課題を設定する。

（ⅲ）だから〈知識―技術〉の貧弱な者に対しては、何はともあれ、それを一定程度身につけてもらう、それがサークルにはいって最初の活動である。

（ⅳ）〈知識―技術〉を修得すること（＝サークル活動をすること）は、だから授業ではできない、

あるいはやらない範囲を研究すること、また、授業の補完（＝卒論の準備など）をすることである。

（v）そういうものがサークルである。だから〈知識―技術〉を修得することの意味については個人的に（＝サークル外で）考える。〈知識―技術〉を修得してからでなければ、それはわからない。サークルは、何よりも〈知識―技術〉主義でなければならない。

（二）「サークルにおいて〈学問する〉ことの意味は、〈学問する〉一般（サークルでする＝授業でする＝個人でする＝…）と同じである」について

（i）〈学問する〉場はいくらでもある。サークルもその一つである。その場は個人で研究するよりもはるかに能率よくできる。サークルは、そのための一つの手段となる。

（ii）その際、各々ちがった領域の研究は各々ちがったサークルでなされ、個人にとっては個人が属するサークルで、個人の望む領域を〈知識―技術〉で深め、各々の領域の結合は、個人としてはとらえることはむりである。

（三）「サークル員相互の関係は〈知識―技術〉の give and take からなる」について

（i）他者の物質力〈知識―技術〉の獲得をめざし、

（ii）他者への物質力〈知識―技術〉の提供をめざす。

（iii）そして、全体としての物質力〈知識―技術〉の共有、豊富化をはかるためのサークルである。それは個人での修得より、多数での方が能率よく、そのような機能主義的な活動がサークルの特徴である。

（四）「サークル間の関係は、各々が各々の領域を担当することで関係する」について

（i）異なる〈知識―技術〉を修得するから直接には無関係である。たまたま共通の〈知識―技術〉を修得する場合にかぎって関係する。

（ii）しかし〈学問する〉ことは共通であるが故に関係する（ことはする）。

（五）「サークルは〈学問する〉ところである、〈政治〉を語り、〈思想〉をもちこむところではない」について

（ⅰ）〈学問する〉ことは、社会に還元されて意味のあるものである。だからサークルにおいては〈知識―技術〉を修得することがまず必要であって、そののち（一定の修得をしてから）還元することを考えればよい（それまでは考えたってわからない）。

（ⅱ）〈思想〉は〈学問〉に直接関係してはならない。〈学問〉は中立でなければならない。

（ⅲ）サークルは政治集団ではない。大衆闘争の組織ではない。サークルは〈学問する〉ことが第一である。

（ⅳ）サークルにはいろいろな思想をもった人がはいってくる。その自由を与えなければならない。したがってサークルに特定の思想をもちこんではならない。

Ⅱ　サークルの直面する諸問題

立正大学におけるサークルとその運動は、今年（一九七〇年）の春に至って主に二つの大きな流れを形成した。一つは、「セクトによる大衆闘争をになう部分として、単にそのになう部分として、それも量としてサークルをとらえ、サークルの質をみのがしていた。だから大衆運動の破産と共にサークルの破産があった―政治主義的立場からのサークルの位置付け―」（研究会連合総会議案書）であり、一つは、「マスプロ授業の補完物としてのサークル、そのサークルは自らの存在を労働力商品としてしまい、それは『疎外』からの『逃げ場』としてのサークル、サロン的なサークルになっている」（同上）である。

この様にサークル運動が二極分解していった過程には、「実践的には、サークル員を（社会）闘争へかかわらせるための政治主義的な問題意識に基づく、『理論』化―政治（社会）闘争主義的な『サークル活動論』―へと転落してゆくことで、（社会）

闘争そのものの主体としてサークルが位置づけられる」（同上）という、赤色サークルとしての位置付けが一つあった。それに対して、私が上述のⅠ（〈知識―技術〉主義者、機能主義者のサークル論の検証）において分析した様な論理による〈知識―技術〉主義サークルとしての位置付けがあったのである。そして、この二つの流れを否定し、止揚するためには、「サークルに関わる個とサークル全体との、あるいは日常生活全体―それを規定する国家、市民社会、大学共同体との関係が明確化、論理化されることが必要である」（同上）という確認がなされた。

しかし結果は、その確認が物質化せぬまま「サークル（運動）から学園、政治闘争へかかわれないことになった（政治主義とサロン主義的サークルとに分解したまま）」（同上）という結果におわっていった。そこで再度提出されたものは、「サークル（運動）を社会革命の領域においてとらえ、そこでの位置と任務をサークル運動論として構築すること」であった（同上）。

上記の二つの流れを再度とらえかえすには次の様な作業が先ず必要であろう。

一つに、学問論の構築、すなわち〔〈知識―技術〉⇅自らの思想〕を構築して〔〈知識―技術〉⇅ブルジョア思想〕を止揚すること。

一つに、サークル論の構築、すなわち、サークル論―大学論―〔国家、市民社会〕論、および、サークル運動論―学園闘争論―〔政治―社会〕革命論を構築すること。

Ⅲ　サークル論の構築へむけて
―〈知識―技術〉主義者・機能主義者批判―

（一）「サークルとは、〔〈知識―技術〉⇅思想〕の獲得の場である」について

（ⅰ）サークル活動における研究方法は、だれかまわずレポーター（指導者にあらず）になり、レポーターの有する範囲の〔〈知識―技術〉⇅自らの思想〕によってレポーターの有する

〈思想〉を全面展開させてゆく過程において〈知識—技術〉をサークル員に提出する、というものとなる。その際、〈知識—技術〉は〈思想〉形成において価値が生まれ、また〈思想〉には〈知識—技術〉が根底をなしている点が確認される。

(ii)〈知識—技術〉の差異は、そのまま〈思想〉形成の差異とはならない。〈思想〉は単に個別領域においてのみ形成されるものではなく、現実に「生活する」中において形成されるからである。そして個別領域において個人の持つ〈思想〉は、「生活する」場における〈思想〉であるからである。したがってサークル新入会員の当惑する問題は〈知識—技術〉の問題でなく、〈思想〉の問題としてある。〈知識—技術〉が何のためにあるのか、何を要求するものとしてあるのかを確認することが、新入会員に当惑の根拠を与える。

(二)「サークル運動は一つに〈思想〉形成の過程の運動である」について

(i)〈知識—技術〉はもちろん既存学問が築いて来たものであるし、我々はその上に何かを築くのである。故に現在の学問—それは〔〈知識—技術〉⇅ブルジョア思想〕構造としてある—から自らの価値観・自らの学問—〔〈知識—技術〉⇅自らの思想〕構造—を形成してゆく運動である。

(ii)サークル運動は、(マスプロ)大学授業—〔〈知識—技術〉⇅ブルジョア思想〕構造—を否定し、また〈知識—技術〉主義サークルをも否定する。この種のサークルは、結果として(マスプロ)授業の補完サークルである。

(iii)自己とサークルの関係は、サークル内における自己(特殊性)と、サークル外における自己(全体性)の分離を止揚した、共同体追求の中でとらえてゆく。

(iv)サークルは、学問する機能上の手段とはならず、学問〔〈知識—技術〉⇅自らの思想〕

が学問〔〈知識―技術〉⇅ブルジョア思想〕を否定するための条件となる。自らの思想を形成し、大衆闘争をになう主体を形成する条件を与える。そのようにして「学問論」と「階級闘争論」が結びつけられ、〈知識―技術〉の修得と大衆闘争とが、サークルにおいて結びつけられる。

（v）故にサークル論は、同時に、大学論、国家・市民社会論へと展開してゆく、「脱サークル論」となる。脱サークル論は、サークルをサークルから語るのではなく、大学を語り、国家・市民社会を語る中においてしかサークルを語れないところからはじまる。

〔★本論文は、熊谷キャンパス研究サークル歴史科学研究会メンバーである時に、新入会員にサークルとは何であるかを説いた文章にして、ノンセクト・ラディカルズの一拠点だったサークルを自分なりに闘争の渦中で位置づけなおしてみた文章。一九七〇年一〇月執筆、同月二四日付歴史科学研究会パンフレット「脱サークル論―サークルが直面する現在の諸問題の止揚にむけて」に掲載。〕

八　立正大学熊谷キャンパスにおけるサークル運動

昨年（一九七〇年）、研連（研究会連合）事務局によって提出された議案書には、次の文章が載っていた。サークル運動について――「現実の生活過程に対する変革（大衆闘争等々への参加）を前提として措定しつつ、自らの現実生活を基底に各領域（経済学、文学、歴史学等）における既存の学問の検証から、イデオロギー闘争を通して自らの学問（＝自らのイデオロギー、自らの価値観）の理論の物質化へと向かうものであった。そしてサークル運動は、現実の生活過程の中で、他者と自己との関係を全と個の全面開花とする共同体追求の方向をもったものであり、その共同体構築過程においては不断の自己対象化という作業と、『否定すべき現実』としてある体制への根本的変革が要請された」。また、サークル・ボックス（C・B）闘争について――「我々の獲得目標は、持続しうる闘う主体を形成することにあり、権力に対する自己権力を創出しうることである。すなわちそれは、権力に対する研究会の自立の運動を構築しなければならないことを意味する」。

赤色サークルについて——今までのサークルは「政治の問題を語らない限りナンセンスであるというところから、政治闘争へ一面化してゆくという傾向の、赤色サークル論一本やりであった」。赤色サークルでは、「セクトによる大衆闘争をになう部分として、単にそのになう部分として、それも量としてサークルをとらえ、サークルの質をみのがしていた。だから大衆運動の破産と共にサークルの破産があった」。

サロン的サークルについて——「マス・プロ授業の補完物としてのサークル、そのサークルは自らの存在を労働力商品としてしまい、それは『疎外』からの『逃げ場』としてのサークル、サロン的なサークルになっている」。

このように二極分解しているサークルを止揚するには、「サークル運動を社会革命の領域においてとらえ、そこでの位置と任務をサークル運動論として構築すること」が必要とされた。

旧年来、学生新聞に記述されてきた文章から——「本来、サークルはその発生において、現実に批判的な立場から発した個が何らかの環によって現実止揚の探索を行なおうとする集団としてあった」。

「サークルにおける特殊領域での共同性の獲得は、サークルにかかわる要因が疎外感にあることと、各自立運動領域におけるブルジョア価値意識への対決と止揚へ向けた運動は各特殊領域的問題としてだけではなく、市民社会総体との対峙関係へまで向かうものを内包していることを考えねばならない」。

「サークルは、一つの創造行為として存在して行く限りサークル員は、自らの思想を形成してゆく故に、自らの言語を用いて表現することによって自己の存在を確立することができるし、またサークルは自立空間を志向する領域でもある」。

「サークル運動は、その究極には市民社会を射程に入れた活動を展開してゆかなければならない」。

サークル運動とは、「疎外を感知する者が活動を通して共同の場を有することにより、現状止揚を志向する運動」。

以上の様な一連の問題提起なり思想なりは、一昨年（一九六九年）のサークル運動が一部に政治主義を生み育てていったことに対する批判として、昨年来一貫して提出され続けてきた。しかしそうだからといって、ではサークル運動はいかに展開して来たのかといえば、その言語表現の借物的飾りの美しさに比して、いかにも貧弱な、変わりばえのしない運動を続けてきたのだった。政治主義に陥ってはならない云々と叫んでみても、例えば六月安保闘争が目前の政治的課題にのぼれば、サークル員は体制批判のすべてを武器として街頭へ出て行き、例えば学費闘争が日程にのぼれば、大学管理機構粉砕を叫んでストライキに入るといったパターンを、所謂サークル運動の一環として闘ってきた。それらの中で、あの闘争は政治主義的だとか、これは生活に密着した闘争だとか言ったところで、そういった政治的焦点や全学的状況の欠如しているところでは、サークル運動は起きてこなかった。

昨年までのサークル運動は、自ら危機をつくり出し、自ら権力闘争をまきおこし、政治闘争を実践するサークル運動であった。それは政治運動であり、社会運動ではなかった。

サークル運動が政治運動としての一面性を保持せねばならないことは、一昨年来よく耳にし口にする言葉「国家・市民社会」論からみてとれるが、そこではもう一面、社会運動としての、文化運動としてのサークル運動に注目せねばならない。とはいえここで断わっておくが、サークル運動は政治運動と社会（文化）運動を加算したものが総体の運動であるなどと、機械的にあてはめないことだ。それについては学生新聞第二三三号「七〇年学園闘争は何から始めるべきか」の中で、マルクスを引用して説明している。「ブルジョア社会が『政治的国家と市民社会とに二重化されている』ならば我々の運動は〈社会革命と政治革命〉として考えなければならない。『社会運動は政治運動を排除するといってはならない。同時に社会運動でない政治運動なるものは、決してない』〈マルクス〉」。

文化運動としてのサークル運動は、「サークルは自立空間を志向する領域」であることによって把握できる。文化運動論として提出されているものの一つに、昨年夏期合宿用の考古研マル秘レジュメ「文化運動論」がある。それには次のように述べられている。「学生自治会の補完的公認団体としての考古学研究会の分化と分裂の所産として登場する闘争委員会、反革命と革命を前提とした闘争委員会は、かかる性格を持つ『考古学研究会』を止揚し、それを自己に従属する補助機関として包摂し、『考古学闘争委員会』への質的飛躍をなしとげなければならない。しかし、かかる限界を持つ考古学研究会を解体し闘争委へという方針は、極左的ポーズをとりつつ、実際は我々自体の戦列を解体する日和見主義に他ならない。それ故に、日常的な活動を会員（特に執行部）にアピールする」（その二、サークルの位置づけ）。このように結ぶことにより、文化運動を語るべきところを、単に「日常的な活動を…」で済ませてしまっている。

その日常活動とはいったい何なのか？　政治主義を批判しているところまでは読んでとれるが、政治闘争は当然にも、言うところの「日常的な活動」にはいらねばならないし、マルクスの引用（学生新聞）の如くに社会運動をとらえるならば、文化運動が「日常的な活動」である場合、それはサークル運動論として、その運動をとらえねばならない。はたして、「日常的な活動」が自立空間創造（自らの創造的観点）の実践であるならば、何故に以後の考古研（熊谷キャンパス）は、その日常的な活動にかかわらず「新しい考古学」を流産させてしまったのだろう。結論的に表現すれば、考古学の「日常的な活動」は、あいかわらず一方での政治闘争と他方での実証活動におわり、それらは日常的に分断されたままであったからである。とはいっても、考古研は、明日香闘争（遺跡保存闘争）を軸に、また「新しい考古学」を産み出すべく苦闘を続けてきた上での敗北なのである。

考古研によって表現された「日常的な活動」という意味は、現実には自立空間（創造的観点）の創造ではなかった。自立空間創造の運動はけっして「日常」ではない。それは「日常」の破壊をもってはじまる。日常的な活動が権力（国家・大学）に対する権力（自己の）創出であるなら、それは決して日常ではない。文化運動はサークル運動における自立空間の創造である。サークル運動論の構築が叫ばれてなお、政治主義か機能（実証・サロン）主義かに分断され、さもなくば接木的実践―今日は闘争、明日は学習―しかなされなかった。それは文化と政治のとらえかえしがなされないでいる証拠であり、また認識と実践との分断の故である。文化の領域は政治過程に総括される。文化運動と政治運動とは、別個のものが関係するのではなく、社会運動として文化運動と政治運動があり、政治運動はすべての領域における運動が必然としてとる運動の一面性である。

我々が大学に存在し、サークルに存在し、学問する場合、それは自らの問いかけの中に常に核となって存在していなければならない。その意味で学問論が構築され、検討されるのである。

サークル運動を展開する個々人にはイデオロギー性が要求される。「学問の自由」をいくら叫んでも、支配体制（権力）は自ら要求する学問以外の何ものをもうけつけない様に、「サークル活動の自由」についても、同様に支配イデオロギーは貫徹しようとする。それは権力である。「大学の自治」にしても、それを権力一般からの自由という意味で使うならば、そんな自治は存在しない。

或る体制下に或る自由を求めるならば、イデオロギーは支配のそれである。自治は「権力一般」からの自由ではなくして、対権力（対国家・対大学）としての「自己権力」の樹立以外に云々できないし、「自治」を戦後民主主義用語と規定すれば、それは幻想である。

サークル・ボックス闘争は、ブルジョア支配からの避難地＝権力の及ばないところ、を得る闘争ではない。また、学問の自由が保証された場としてサークル・ボックスをとらえない。サークル・ボックスは本来学問の自由が保証され、自治が貫徹されるものだ云々は、平和と民主主義の論理である。サークル・ボックス闘争は、ボックス（部室）獲得によって自己権力樹立の物質的基礎の一部を得るにすぎない。我々が望む運動は、我々自身でしか保証してゆけない。権力（国家・大学）に対する自己権力樹立の場は自立空間である。

〔★本論文は、研究サークル歴史科学研究会と闘争組織史学科学生協議会の双方で活動していた時、七一年四月開催の後者合宿用資料として執筆したもの。一九七一年三月執筆。『二つの組織』と題した私的パンフレットに掲載。〕

九　戸隠論争の整理と深化
実証研究と価値観形成のねじれ

一九七一年四月からの問題点として、班活動（実証研究）と研究会の機軸との関係把握、または実証活動を通しての自己の価値観の検証―要するに自己の価値観の形成―、これを「学問」の領域で自らになっていくことができなかった点があげられる。

実証研究活動の欠如については、昨年（一九七〇年）から今年にかけての「班」の設定にもみられるように、各自が自覚していたことだった。昨年下半期は、「学問論―価値観の形成」を問題視するのに精一杯だった。毎日の討論内容や読書内容、活動内容は常に過去の自己と訣別することにむけられ、新たな自己をサークルという強い共同意識の結びつきの中で発見してきた。そして一定の飛躍を勝ち得た時点で、今度は学問することの中から「学問論＝価値観形成」を再検討することに着手せねばならないとして、実証活動を開始あるいは再開しようとした。それが「班」の意義だった。

班活動の必要性は四月から六月にかけて強く要求されてきたのだが、いざ本腰を入れてやろうとすると、昨年下半期の問題意識からはるか遠くでやっているような錯覚に陥った。研究会の時間は古典文庫を読み合わせる程度で、他にはほとんど討論がなされず、問題点の指摘がなく、ただ輪読しただけで終わってしまった。班（といっても殆ど個人の次元だが）の時間には、ひとり下宿でも資料・史料を読むということだった。実証活動をひとりでやるということが、そのまま研究活動の機軸をとらえつつ行なわれたのならよかったが、そもそも研究会の機軸なんてものはすっかり忘れていた。

なぜ各自が研究会の機軸＝学問論の構築＝価値観の形成を忘れたかといえば、昨年下半期に煮つめた問題意識が、確実に自己のものとなって定着しえなかったからだ。価値観の形成が各自の「学問」という領域で定着しなかったからだ。研究会の時間と班の時間とが分断してとらえられ、価値観形成と実証活動とが接木されてしまったのだ。

研究会運動における機軸の喪失によって、各自は実証活動もできなければ、そうかといって機軸の再検討をするわけでもなかった。昨年来発表されてきた諸論文は、一度読めばそれきりで、何の批判も問題提起もなされないのがほとんどだった。六月二六日は、そのような矛盾点を含んだ研究会をいかに止揚するかについて考えることにした。実証活動でもサークル論でも学問論でも何でもいいから、その時点で各自が問題にしているものをまとめて発表するために、合宿を計画した。

七一年八月二四日から二七日にかけて夏の合宿を行なった。しかし六月にぶつかっていた壁をこえるだけの成果は得られなく、事実としては、研究会の分裂が現実化した。研究会の混迷がいかにひどいか、それにもかかわらずとことんまでそれを論理化しえないかがわかった。合宿中の討論は少なかったが、「メイン・テーマを設定しよう」という方向に討論がすすんでいった。

メイン・テーマとサブ・テーマとが研究会にはじめてもちだされたのは、たしか昨年の熊谷祭(大学祭)の後、つまり「班」がもちだされたのと同時のことだった。そして、メイン・テーマをする時間は全員で集まる時で、サブ・テーマは班でやるような決め方をしたと思う。またそのほか、班は実証活動のためであり個別分野に分かれて活動し、全体での時には以前のように「学問論の構築=価値観の形成」をはかるための古典学習や討論をする、というふうに理解していた。これから判断できることは、メイン・テーマ→自らの思想構築のため、サブ・テーマ→実証活動のため、ということになる。このとらえ方が全員にうけ入れられていたということは次の例で納得がゆくと思う。

メイン・テーマに「国家」を定め、石塚君はサブ・テーマに「古代インド史」を定めたとする。石塚君は、古代のインドにおける経済制度をしらべ、階級情勢をとらえ、そこに国家の存在とその役割、形態を把握し、全員で古典文庫を読むときには「国家とは人民支配の機関であり、階級間の非和解的産物である」というふうにして、国家をとらえようとする。そこにおいてメイン・テーマとしての「国家」は石塚君の思想的な概念規定であり、サブ・テーマとしての古代インド(国家)は石塚君の実証的な規定である、といったぐあいに分けてとらえる。よく考えてみれば、メイン・テーマで国家を考えることもサブ・テーマで事実を調べることも、ともに同じことをやっているのだ。

昨年一一月の熊谷祭以前には、メイン・テーマもサブ・テーマも意識されることはなかった。例えば「家族」というテーマは、実証の対象であり、価値規定の対象だった。その時、西洋史をする人はそれなりの分野から、なんていう討論は出てこなかった。全員が「家族」の概念をとらえ、価値規定をし、それが自らの価値観の転倒をもたらし、さらに発展させた。そこで、「俺は実証活動をしているのか？」という不安など生まれずに「家族」を知っていった。いまになって、ではあの「家族」はメイン・テーマなのかサブ・テーマなのかと考えても、ばかばかしいと感ずるだけだ。

メイン・テーマのことについていろいろと述べてみたが、整理してみれば次のようになる。メイン・テーマ＝「学問論の構築＝価値観形成」のための読書や討論テーマ、サブ・テーマ＝個別分野の実証研究テーマ、ではない。メイン・テーマ＝研究会の機軸「学問論構築＝価値観形成」、これこそわが歴史科学研究会の勝ち取るものなのだ。サブ・テーマ＝メイン・テーマを深化させるためのあらゆる活動（討論、読書、実証、実践）。古代インド史をやる人にとってそれを自らのテーマとすることは、その人の他のあらゆる活動と同様に、自らの価値観形成であるということ。それと同時に、彼ないし彼女がマルクス・エンゲルス（マルクス・エンゲルスの著作）を全員といっしょに読むこと、全員といっしょに「共同体」をとらえること、全員といっしょに「弁証法」をとらえること、それらが古代インドを知ることをますますさかんにさせ、そこにおいて「実証」も「価値観」も、矛盾なく自己のものとする地平が再びひらける。

このように展開してくれれば、メイン・テーマとサブ・テーマなんていうことをとらえそこねることはない。メイン・テーマがないことは、研究会自体がないことだ。また、これこれはひとりでやること、あれそれはみんなでやること、ということに質的なちがいなどないことがわかる。これからは「実証活動」ということばを、「知識を得ること、事実を知ること」とでもおきかえたらいいと思う。そしたらすっきりしてくる。研究会の活動とそれによって得るものが。

〔★本論文は、熊谷キャンパス研究サークル歴史科学研究会メンバーだった時、「学問する」サークルとはどのようなものを意味するかを明確にするため整理した文章で、その契機は、一九七一年八月の戸隠高原での合宿の失敗にあった。歴史科学研究会パンフレット『一九七一年夏の戸隠合宿報告』(一九七一年一〇月執筆、同月一二日付)に掲載。〕

一〇　「社会科学とはなにか」についての研究会の宣伝

「それは社会現象を、人類生活の生成と発展とにおいて理解し、その歴史的過程における合法則性を把握しようとすることにあった。古代社会からはじまる階級社会の発展過程において、社会的存在を、つねに歴史性において理解すること、社会的存在の合理性とその観念的・理論的所産もまたつねに相対的であること…。同時にまた、それらすべての歴史上の法律・政治制度や文化・思想が、けっきょくは人類の社会的・物質的存在によって規定されるものであること、いいかえれば、そのときどきの物質的・経済的諸条件の生み出したものとして理解しようとした。こうした学問方法論上の立場から、学問の生成と発展、つづいて正しい意味における社会科学が、近世市民社会の成立とともに生誕した…。

このような考え方は、現在、べつに珍らしいものでなく、社会科学は、近世市民社会に内在する矛盾の自覚のうちにその基礎をもち、そのはじめ、マルサスやリカァドォが資本主義社会の内在的矛盾や利害の対立を事実として指摘したが、それは歴史的・相対的現象としては理解されず、自然的な秩序として、肯定的に―やがては諦観的に―理解された。それは、もちろん合理主義的・科学的精神によってつらぬかれてはいたが、そこでは市民社会の恒久性とその合理性と、ついでその弁護論に転化し、一連の市民的社会科学が成立したが、それらは社会科学の前史をかたちづくったにすぎなかった。資本主義社会そのものが自然的な秩序ではなく、社会的秩序として歴史的に相対的であることの認識において、いいかえれば市民社会の肯定的理解とそれの否定的把握において、はじめて社会科学が正しい意味の科学性を獲得したのであった。このように資本主義的な市民社会の肯定的理解とその否定的把握が、方法論的に自覚されたとき、そこにあたらしい科学と、あたらしい科学的態度とがあり、社会科学のめざましい分野が開拓され、学問としての豊富な、深刻な、統一された自己完結的な理論体系として自己をしめしうるにいたった。この精神的武器によってのみ、人びとは現実の社会生活と社会諸制度と観念的所産のすべてを誤まりなく理解し、あたらしい科学的態度を採りうるのである。

一八世紀以後において、近代合理主義精神と資本主義的理性のすばらしい威力は、封建的社会にたいする輝かしい勝利を結果したが、その合理主義精神と理性は、いまそれを産み出した社会的基盤への根本的批判の武器として、あたらしい社会科学とその態度とに展相した。かくてこの社会科学は、いまその本質的な批判的精神によって、みずからを産み出した市民社会それ自体を分析し、批判しはじめるとともに、それの相対的性質を明らかにしつつある。批判と分析とには、必然的に政策と実践とが結ぶ。社会科学の本質も任務もこれらの意識を正しく解明するところにあるというべきである」。（住谷悦治『社会科学論』）

これだけの「社会科学」への認識は、今から一〇年もまえ（一九六二年）にあらわれているし、また、著者が参考にしているローザ・ルクセンブルク、さらにはF・エンゲルス、K・マルクスは、「社会科学」という名を使おうと「歴史科学」といおうと、はっきりと「批判」としての科学の方向を示している。けれども今我々は、百年以上もまえに書かれた著作を読むとき、まったく百年まえのくりかえしをやっているにすぎなくおえてしまうことが多い。ここに引用した文章は、我々がもっともとりくまねばならない点「経済学（社会科学と読め―引用者）の終末」（R・ルクセンブルク）について、ほとんどアプローチしていないいばかりか、この文章からはそれを導くことはできない。ローザが言った「経済学の終末」は、マルクスの『資本論』を念頭においてのことと推測するのだが、それは、F・エンゲルス（『空想から科学へ』）においてもはや論理の破産ともみえる認識があるところから、以後のいわゆるマルクス主義者によってかえりみられずにきた。しかし、それは六〇～七〇年安保闘争の過程において、「疎外論」の復権過程で再度現実「批判」の科学としてとらえられたのだ。またそれは、ロシア・マルクス主義やスターリニズムの〈一元論〉としての弁証法的唯物論が根底からくつがえされる過程でもあった。

我々が昨年から開始した歴史科学研究会の運動をとらえるとき、それは「社会科学＝歴史科学の終末」をどこまで実践できるのか、という一点に尽きるだろう。しかしだれかが指摘したように、歴史科学研究会の運動は、昨年熊谷キャンパス祭以後一歩たりとも発展しなかったのではないかとうたがわれる。ここで再度、歴史科学研究会を宣伝する必要がある。その宣伝とは、古典的スローガン〈自立空間の創造〉を「社会科学の終末」へと結びつけるような、我々の運動の貫徹である。

〔★本論文は、熊谷キャンパス研究サークル歴史科学研究会メンバーである時に、サークルにおける学問論構築という課題に資するため単独のパンフレット（一九七一年一一月八日付）で発表したもの。〕

二　対象認識と対象規定

社会（現在・過去）を認識するという行為を考える場合、その行為が何故おきてくるのかを問いつめることによって、「認識対象」としての社会は「規定（変革）対象」としての社会として、再度とらえかえされることになる。従来、学問とは〈知識―技術〉としてのそれであり、学問は思想と関係をもってはならないとされてきた。また学問に「客観性」をもたせるためにはけっしてそれが政治にうごかされてはならないとされてきた。

あるいは、学問研究にたずさわる者は常に政治的・思想的に「中立」であらねばならない、とされてきた。社会はこうして「認識対象」に限定され「規定（変革）対象」と分断されつづけてきた。

本来変革の論理として誕生したものが、いつのまにか認識の論理にすりかえられている。「対象認識」（現在はそれを「学問」とよぶ）と「対象規定」とが分断されているのは、分業者としての、専門家としての、職業人としての学者が、その割り当てられた分野＝対象の一部に自らをあてはめることで、学者としての彼と生活者としての彼との関係を切断していることとも関連する。彼は、生活するために学問研究をするんだ、学問は職業の一つなんだ、と意識的にせよ無意識的にせよ自らに言いきかせつつ、自己の全面展開からほど遠い状態にひたりきっている。

変革の論理はけっして既存国家（権力）には受け入れられない。「変革」がまやかしもの（改良）でなく根本からのもの、権力として実践されるようなものの場合、そのような動きは既存国家（権力）によって消し去られる。「対象認識」は政治的に去勢された専門家が行ない、「対象規定」は政治を牛耳る者が行なう。個々人は何らかの分野で動く機械（部分品）となる。自己が何であるかを問うても、その割り当てられた分野の専門家であると自認はできても、部分品と知る以外には出ない。そういった部分品が各々の分野の専門家として幻想の共同性をかもしだし、政治人として共同性をかもしだし、社会を形成しているのである。

我々の修得する〈知識—技術〉は商品としてのそれとされている。なぜならば、大学時代に高額の入学金・学費で〈知識—技術〉を買い、卒業後それを少しずつ切り売りして生活の手段とするからである。大学においては「なぜ学問するのか？」を真剣に問いつめることはない。どれだけ〈知識—技術〉をつめこむことができるかが問題となり、のちにそれを売りさばく時の価格表としての成績（優良可とかＡＢＣ）が注目の的となるのである。
教室にいるときだけ自己の存在を示すのではない。教室にいる自己は、現代社会の只中にいる自己なのである。自己が何であるかは二四時間で追求せねばならない。我々は、現在もてる範囲の〈知識―技術〉で社会（現在と過去）を規定せねばならない。自らの内に社会規定の論理、対象変革の論理を形成してゆかねばならない。

〔★本論文は、熊谷キャンパス研究サークル歴史科学研究会メンバーである時に、南城四郎君をはじめとする同会メンバーと共に発行した『創史』創刊号（一九七一年四月刊）に寄せたもの。四月二六日執筆。〕

二 『創史』創刊の意図 ―四〇年後の回想

立正大学に歴史学関連の学生サークルがはじめて登場したのは、むろん大崎キャンパス（東京都品川区）においてのことである。私が熊谷教養部に入学した一九六九年段階で、大崎キャンパスには日本史や東洋史、考古学関係の研究会はすでにかずかず存在したし、一九六七年熊谷キャンパス開設と同時に、それらの熊谷支部も設立された。古文書研究会、中世史研究会、考古学研究会などである。一九六九年には、熊谷キャンパスに科学的歴史研究会が創設された。ただし、これは一年以内に活動を停止した。

その後一九七〇年九月、この科学的歴史研究会とは相対的に別個に歴史科学研究会が設立された。こちらは、メンバーに部分的な重なりがあったためと思われるが、形式的に前者の後継として研究会連合に参加した。後者は私、石塚正英が創立したので、当時の記録はおおかた保存してある。メンバー構成からみて、こちらは歴史学だけでなく、哲学や経済学、社会学など人文・社会科学の諸領域を広く学際的にカバーしていた。

歴史科学研究会では、創立の翌一九七一年五月、会誌『創史』を謄写版印刷で創刊した。当時は日本国中、とくに大都市の諸大学で学生運動がさかんだった。一九七〇年安保闘争をピークにその前後数年間は、学問的関心あるいは社会的関心のある学生ならば「学問とはなにか?」「大学とはなにか?」「社会と大学の関係はどうあるべきか?」という問いかけを自他に投げかけて討論を重ねていった。わが立正大学も例外ではなかった。その先陣を切っていたのが、上記の歴史科学研究会なのだった。『創史』はそのような社会的・政治的情況の只中において創刊されたのである。

創刊号(一九七一・五・八)に、私は「対象認識と対象規定」という短文を掲載した。社会であれ歴史であれ、あるいは自然であれ、現代を生きる人々にとって、眼前の対象は単に認識すればいいというものではない。認識と同時にそれを自らの価値観や判断力で規定せねばならない。認識はそれのみで完結するものでない。つまり学問研究の射程には〈認識+規定〉が含まれる。以上がその要旨である。一見すると歴史学にかかわりのない哲学的議論に見えるが、「なぜ学問=歴史学するのか?」という問題を吟味することのないまま学問する行為は、仮にであれ漠然としてであれ到達目標を構想しないまま走り出すようなものだからである。

第二号で私は「大崎歴科研―破産か再生か―」を発表した。これは「なぜ学問=歴史学するのか?」という問題を吟味することのないまま実証研究にすすむことに対する疑問である。また、各人好みの個別テーマばかりを追いかけていては研究会全体の方向を見失うことへの警告であった。

第三号には「マイホーム意識の小市民性」を載せた。社会にでて結婚して、我が家の小さな幸せのみを追い求めることは、一見すると没社会的にうつるが、その方向をトコトン突き詰めると、現代社会の基本原理である効率主義を打破する原動力になるかもしれない、といった内容だったと記憶する。

第四号には「ドイツ近代史に於ける階級情勢の分析のために」を載せた。いつも理論的な議論ばかりしかせず個別研究を疎かにしていると思われるのを怖れて書いた短文である。むろん、これこそ私の卒業研究に連なる作業なのだった。その方向での寄稿には、第五号掲載の「初期資本主義社会について」がある。けれども、その同じ第五号に、もう一つ、理論的検証の文章『社会科学とは何か』についての研究会の宣伝」を掲載した。

この歴史科学研究会は、その後紆余曲折を経つつ一九八〇年代を通じて大崎と熊谷の両キャンパスに存続していく。ただし、会の歴史を継続して記録していかなかったため、同じ名称の組織が存在しても一九九〇年代から二〇〇〇年代にかけて前後の組織的継承関係は不明となってしまった。とにかく、同名の研究会は現在も大崎キャンパスに存在し、インターネット掲示板をも備えて活動している。

ところで、会誌『創史』は別のサークルが受け継いだ。それは一九七〇年代前半に設立された「歴史研究会」である。その受け継ぎを物語る傍証がある。『創史』発行者名の変化である。以下に私が所蔵する創刊号から第六号までの表紙記載事項を引用する。（　）内は石塚の補足。

創刊号　一九七一・五・八　立正大学歴史科学研究会
第二号　一九七一・六・五　立正大学歴史科学研究会
第三号　一九七一・九・一〇　創史編集委員会
第四号　一九七一・一〇・一〇　立正大学歴史科学研究会創史編集委員会
第五号（大崎版）　一九七一・一一・一〇　歴史科学研究会
第五号別冊　一九七一・一一・一〇　歴史科学研究会
第五号（熊谷版）（＊）
第六号（大崎版）一九七一・一二・一〇　歴史科学研究会
第六号　合同出版　熊谷教養部歴史科学研究会
大崎歴史研究会（＊）

列記した諸号のうち、（＊）のものは私が編集したものではない。第五号（熊谷版）の執筆陣をみると、それは私が大崎の専門課程にすすんだあと熊谷支部を受け継いだ後輩たちである。よって、第五号は大崎・熊谷の二箇所で発行されたということが分かる。その後大崎にやってきた第五号（熊谷版）編集主体が、今度は大崎で歴史研究会を設立し、熊谷の歴史科学研究会と連携して第六号を編集発行したと考えられる。一九七一年末には、石塚を中心とする初代のメンバーは卒業の時期を迎えていた。そのような事情もあってか、第七号以降は歴史研究会が単独で編集することになったと、四〇年後の今となって回想される。

私は、学部卒業後数年経て、一九七六年四月、大学院に戻ってきた。その翌年、今度は友人たちと共に「立正大学西洋史研究会」を設立した。その後同研究会には学部の歴史研究会で『創史』に寄稿した経験のある院生が参加するようになった。その一人に瀧津伸君がいる。彼は、自らが寄稿した『創史』第一九号を私に寄贈してくれた。その表紙には「立正大学歴史研究会　一九七九・六」とあり、以下の目次が記されていた。「ユンカーの成立とその特権―『ドイツ現代史』を中心として―」史学科二年　瀧津伸。「安良城盛昭『太閤検地』の歴史的意義に関する覚書」史学科二年　斎藤司。「マルク・ブロック『比較史の方法』の紹介とファシズム研究の方針」史学科二年　小池秀幸。

一九八三年から八八年まで、私は文学部史学科で西洋史特講ほかを講義していた。最初の履修生中には、いまは史学科講師となっている古賀治幸君がいる。その後二〇数年ぶりに、今年（二〇一〇年）から文学部史学科の教壇にたった。せっかくだから、西洋史希望の学生にいろいろとアドバイスしたいので、立正大学西洋史研究会内に「ライオン・ゼミ」を設置し参加学生を募った。その誘いに応じて私のもとにきてくれた史学科三年の諸君はみな歴史研究会会員なのだった。さらには、そのうち幾人かは『創史』第五九号（二〇〇九年度）に寄稿しているではないか。なんという運命の巡り会わせだろう！　歴史科学研究会を組織してから今年で満四〇年。『創史』創刊から今年で第六〇号達成。そして来年で『創史』創刊四〇周年。つけたりに申せば、私は昨年還暦を迎え立正西洋史のみなさんから祝福された。これが慶事でなくてなんであろうか！

（東京電機大学理工学部教授）

〔★本稿は、まずは立正大学西洋史研究会編『立正西洋史』第二七号（二〇一〇年一〇月刊行）に掲載し、その後、立正大学歴史研究会編『創史』第六〇号（二〇一〇年一〇月刊行）に転載したもの。二〇一〇年六月一〇日執筆。〕

第九章

学問の道を歩む

一　老いと学問

いまは改めて若手研究者に受け入れが始まっているが、そのむかし、マルクスがずいぶんもてはやされていた一九六〇〜七〇年代、マルクスはいつマルクスになったか、という問題が真剣に議論された。①或る人は、経済学哲学草稿のとき（一八四四年）と言い、②或る人はドイツ・イデオロギー（一八四五〜四六年）のときと言い、また③或る人は資本論第一巻のとき（一八六七年前後）と言った。さらには④ヴェーラ・ザスーリッチへの手紙（草稿）からラボック著作摘要のころ（一八八一〜八二年）と言う人もあった。しかし、その最後のは、マルクスが亡くなる一年前である。それはおかしいでしょ、もう老衰状態で判断力を失っているころでしょ、という感想が聞こえていた。

一八一八年生れのマルクスは一八八三年に没する。それは六〇年代半ばである。さて、私はどうか。二〇一二年、そろそろ六〇歳代半ばにさしかかる。もはや耄碌したか。いや、していない。よって、マルクスがいつマルクスになったか、の選択肢から④を削除してはならないと、いまにして実感することになった。私は、二〇〇四年からJ・G・フレイザー『金枝篇』（全一〇巻中、二〇一九年九月現在、八巻目を校正）の完訳版を監修しているが、その際に参考とする資料に、わが学問人生の揺籃期（一九七〇年前後）に執ったモーガン・エンゲルス摘要などがリアルに存在している。その筆跡は若々しい。しかし、摘要のモチーフで判断すると、それはつい昨日のメモと勘違いするほどである。
数人いる私の恩師は、いまではすべて亡くなっているが、いずれも、亡くなるまで研究を続行していた。加齢と学問探究心は比例するものなのだろう。

〔★本稿はサイトちきゅう座（http://www.chikyuza.net/）に、以下のコードで掲載された。study517:120621〕

二　時代の画期と学問

一九九八年七月、私は二〇世紀が終わる前に、どうしても出版しておきたい単行本の編集に取りかかった。それは、過去に発表してあった論文群を次の三点の著作にまとめる作業であった。「ソキエタスの方へ―政党の廃絶とアソシアシオンの展望」、「アソシアシオンのヴァイトリング」「歴史知とフェティシズム―信仰・歴史・民俗」。すべて四五〇枚から五〇〇枚程度にまとまった。そのうち、第一の著作を社会評論社から、第二の著作を世界書院から出版することにした。第三の著作は、その時点で未だ発表前の論文が二点ほど含まれていたので、いましばらく寝かせておくことにした（のち理想社から刊行）。そのうちの第二の著作（一九九八年一〇月刊行）に記した「あとがき」を以下に引用しておく。

＊

あとがき

ヴァイトリングを研究し始めた時期は、全国で学生運動が盛んだった一九六九年のことである。当時一九歳の学生だった私は、神田の古書街で自由民権運動に関する論文の載っていた雑誌『歴史評論』を購入した。たしか、家永三郎の「植木枝盛と酒屋会議」という論文だった気がする。その雑誌に偶然、ドイツの農民革命家ゲオルグ・ビューヒナーに関する論説（伊東勉のもの）が併載されていて、それを読み出したのが、ヴァイトリング研究に入り込む直接契機になったのだった。直後から神田の洋書センターに行っては関連のドイツ語文献を漁ることになるのであった。

あれから三〇年たった。今年で私は四九歳になる。前作『社会思想の脱・構築―ヴァイトリング研究』（世界書院、一九九一年）を刊行したおり、その巻末に「わたしのVormärz社会思想史研究・中間報告」を書き添えた。そこでは、私のヴァイトリング研究史（著作目録とその解説）をおおまかに跡付け、爾後の研究課題を提起してみた。そのときに提起した課題は、多少スピードを減じつつも、実現されてきた。その成果が今回の著作というところである。

それはそれとして、この三〇年、私は一つのテーマを追ってきたのではない。並行して少なくとも三つは研究してきている。一つはむろんヴァイトリング研究を含めたVormärz社会思想史研究である。そのほかに、ド＝ブロスのフェティシズム研究が大きい柱として存在する。これには石仏フィールド調査等比較宗教民俗学的研究も付け加わる。また、現代世界史のトピックスであるアフリカ独立・建国にまつわる研究、人名に特化して括ればアミルカル・カブラルの解放思想に関する研究にのめり込んできた。ソキエタスとしてのアソシアシオン論は、私の場合、このアフリカ解放思想研究にも大きく関連している。そのほか、学生時代に始めてこんにちにまで絶えることなく継続しているマルクス研究などは、以上の三分野のすべてに関連していて、どこかに振り分けることなどできないものである。

そのような諸研究中、ヴァイトリング研究についてまとめた単著は、本書で五点目になる。ここらで、この研究は一服することにしたい。二〇世紀の最後を締め括る単著はこの一書になるとはかぎらないが、今後はフェティシズム研究を最優先することになろう。ヴァイトリングもマルクスも、カブラルも、これから当分はすべてフェティシズム研究に合流していくであろう。

最後になったが、出版元の世界書院には前作に引き続いてまたもや特段のご高配を頂戴することになった。梅田社主には心よりお礼を申し上げる。

一九九八年秋　石塚正英

〔★本稿はサイトちきゅう座（http://www.chikyuza.net/）に、以下のコードで掲載された。study518:120626〕

三　恩師　村瀬興雄を追悼する

わが恩師、村瀬興雄先生は二〇〇〇年三月に亡くなった。その少し前、何か虫が知らせたのか、私は一九九九年末に先生に電話で連絡をとり、ナチズム研究に関して先生の近況を尋ねた。そして、村瀬学説に関して解説文をまとめることにしたのだった。その原稿「村瀬興雄教授のナチズム研究によせて」は残念ながら先生死後に脱稿となった。その冒頭「はじめに」を以下に引用しておく。本文は『立正史学』（第八八号、二〇〇〇年）に投稿した。いまは『歴史知と学問論』に収められている。

＊

戦後我が邦のドイツ現代史研究における第一人者であった村瀬興雄教授（一九一三～二〇〇〇年）は、ハンブルク大学のフリッツ・フィッシャー教授の唱える〈ドイツ支配勢力の 連続性〉に学問的な賛意を表明した。ナチズムをドイツ史とドイツの風土の自然な産物として歴史的に説明する立場である。その際この立場は、ヒトラーとナチズムをドイツ史の例外、アクシデントとみてナチズムをドイツ社会とその歴史から断ち切ろうとする諸学派に批判された。あるいは冷戦時代を反映して、フィッシャー派は共産主義国東ドイツの回し者といった非難をうけた。村瀬教授はそのことを十分確認した上で、あえて自らフィッシャー学説に賛意を表明したのである。そうした断固たる学問的態度は、著作『ナチス統治下の民衆生活』（一九八三年）および『ナチズムと大衆社会』（一九八七年）によく記されている。それら二著のもとになった原稿はあらかた、当時所属していた立正大学の史学会会誌『立正史学』の諸号（一九七八〜八三年）において発表されたものである。上記二著刊行後、一九八〇年代末から一九九〇年代前半にかけて村瀬教授は内外の研究者たちから賛否両論の注目を浴びた。教授はその都度これに応答し、真摯な態度で反論ないし補遺を行なってきた。その大半は、立正大学のあと特任教授として転任された創価大学の社会学会会誌『ソシオロジカ』の諸号に掲載された。

ところで、一九七八年から八一年まで立正大学大学院博士課程で村瀬教授より現代史研究の指導を受けた私は、けっして師弟関係だからというのでなく、ヨーロッパ社会思想史を守備範囲とする自らの学問的見地からして、村瀬教授の築いた業績を現在までのところ最も優れた学説と思っている。例えば西川正雄の批判的所見（『江口朴郎著作集』第二巻「解説」、青木書店、一九七五年、二九〇頁）などは的外れの代表であり、幾多の批評を読んでみても私の村瀬ゆずりの学問的信念はいまもって微動だにせず、その見地でもって二〇年近く諸大学で歴史学を講義してきた。ただ、齢八〇をすぎた恩師を前に、満五〇歳をすぎた私はそろそろ自らの確証として師に何を学んできたか、と改めて深く自問自答しておきたくなった。そこで昨（一九九九）年末、「村瀬興雄教授のナチズム研究によせて」といった内容の原稿執筆を発起し、一二月五日、村瀬教授に直接電話連絡をとった。最新の執筆状況を問うためにであった。すこぶるお元気であった。「先生、あの『民衆生活』のモティーフにいまでも変更はございませんね」「えぇ、基本的にはありません」。この一言は明快だった。饒舌ですらあった。しかし本（二〇〇〇）年正月、毎年欠かさず頂戴する年賀状が来ない。ご様子うかがいを兼ねて二月一二日、不確かな点について今一度調査の電話を差し上げた。電話ごしのお声には艶がなく、口数が少なかった。約三週間後の三月二日、村瀬教授は多臓器不全で逝去された。

しかし、いったん執筆を決めたこの論文はなんとしても形あるものにしたい。そう考え、村瀬教授追悼の意味をもこめ、以下においてナチズム研究上における村瀬学説の意味について解説をしたためてみることとする。以下、村瀬教授ほかの方々の敬称や肩書きは省略する。

〔★『立正史学』第八八号（二〇〇〇年）所収の拙稿「村瀬興雄教授のナチズム研究によせて」冒頭から抜粋。〕

四　学問の道は地中海に通じていた

学問の道は地中海に通じていた。二〇〇〇年夏、二〇〇一年夏と、私は連続してマルタ島に出かけてフィールド調査を行なった。そのうち、二年目は、まずイタリアのミラノに立ち寄って、市中のカテドラル（完成まで五〇〇年を費やしたあの荘厳なドゥオモ）を始め主としてマリア信仰に関連する文化財を見学した。そのあとマルタ共和国のスリーマ、バレッタなどに滞在して調査を行なった。同島ではすぐさま、前年に調査できなかったイムナイドラ巨石神殿に出向いた。遺跡の外郭において先史マルタの母神をもっともよく象徴する神殿である。ちなみに、これは二〇〇一年三月に何者かによって一部破壊された。

ただし、この年はマルタ共和国のみにかかわってはいられなかった。まずは北アフリカのチュニジア共和国へとぶ。この旅行にはマルタでチュニス行きのチケットがとれたという偶然が介在してはいるが、漠然と構想していたものであった。初めてアフリカに降り立つや、イスラムの聖なる女性ファーティマ信仰の足跡を確認するため、サハラ砂漠近く先住ベルベル人の村落マトマタへいく。二泊したあと、引き返して首都チュニスで同国最古のモスクを見学する。さらには、古代地中海海域で各地の女性たちに広く信仰されたディオニューソスの祭儀そのほかを調査するため、チュニス近郊の遺跡都市カルタゴにいく。マルタに引き返すや、今度はギリシアのアテネにとぶ。なにはさておき、パルテノン神殿下のディオニューソス劇場遺跡をアクロポリス丘の上から確認する。詳しい調査は後回しにして、ディオニューソスゆかりの島クレタにとぶ。クノッソス遺跡を訪問しラビュリントスを歩き、ギリシア神話世界のルーツに接する。アテネにもどるやディオニューソス劇場遺跡を再度調査した。それから極めつけとして紀元一六七年に造られたヘロド・アティクス音楽堂（Odeon Herod Atticus）でエウリピデス作『バッカイ』を観劇した。バッカイとはバッコスつまりディオニューソスを崇拝する女性信徒「バッコスの信女たち」のことである。

地中海域に母神信仰の足跡をもとめて行なった二度目の旅は、予想以上に多くの成果を得た。その一端を「デーメーテールとディオニューソス」と題する論文にまとめることにした。デーメーテールとはギリシア神話に登場する豊饒の女神・母神であり、ディオニューソスとは上に記したように、古代ギリシア・ローマ社会において女性たちに熱愛された男神である。この二神を代表例にして地中海一帯の母神信仰を社会思想史的・宗教民俗学的に検討するのが、この原稿の執筆目的だった。現在は『儀礼と神観念の起原』（論創社、二〇〇五年）に収録されている。

〔★本稿はサイトちきゅう座（http://www.chikyuza.net/）に、以下のコードで掲載された。study530:120708〕

五　肥やしとしてのフレイザー『金枝篇』

一九九〇年代を通じて、フェティシズム研究の一助としてフレイザー『金枝篇』に関心を持ってきた私は、二〇〇四年から『金枝篇』（全八巻＋別巻の完結版、のちに全一〇巻に変更、国書刊行会）の監修に着手した。以下に日本語版監修者序文を引用することによって、詳しいことを記そう。

＊

ヨーロッパの思想風土に発する近代合理主義の立場からみると、非ヨーロッパ社会や前近代の社会、そしてそこに生活する人びとの慣習、風俗には、とうてい理解しがたいものが多々見受けられる。ややもすると、野蛮とか未開などと形容して拒絶する以外に対応しきれないものもある。そうした事例は、特に宗教的というか儀礼的な生活において観察される。その一つに、非ヨーロッパ各地の民族誌・民俗誌に記されている神殺し・王殺しのフォークロアがある。あるいは神獣食習・神人食習のカニバリズムがある。

しかしながら、そのような「蛮習」は、実はヨーロッパの「文明民族」にもかつて存在していた。好例として、例えばスイスはレッチェンタールの「チェケタ」がある。秋田に伝わるナマハゲに酷似したこのカーニバルは、ヨーロッパにキリスト教が浸透する以前のケルト系先住民の野生的儀礼の遺風である。以上のような先史から現代に伝わる様々な儀礼を古今東西にわたって蒐集した文献として、フレイザーの本書『金枝篇』がある。ただし、本書に読まれる事例ではみな、神となった人（人神）や人となった神（神人）を、殺すために殺すのでなく、生かすために殺すのであり、別のいっそう若々しい肉体におけるよりいっそう強大な神霊の再生・復活を願ってこれを食べたり殺したりするのである。

本書に収録された民俗誌の豊富な事例群は、衣食住をととのえてその日を生き抜く視座と方法を獲得するべく行動する野生的な人々と、彼らの儀礼生活に関連する。そのような習俗は、近代合理主義では説明がつかない。これは例えば天動説と地動説の相違と似ている。すなわち、我々は現在のところ理性知の立場、科学知の視座から地動説を認めつつも、実際には生活知や身体知の視座から天動説にしたがって生活している。頭脳は地動説を承認するものの、身体は天動説を心地よく受け入れる。フレイザーがあつめた民俗誌は、いわば天動説＝身体知のパラダイムにあるのである。地動説すなわち科学知からはとうてい承認しがたいものの、現代人は、日常生活ではすっかり天動説すなわち身体知に依拠して生活しているのである。そうしたパラドキシカルな人間精神を理解するのに、本書は第一の裨益となるものである。
本書は、けっして前近代を素材にした風物詩や博物誌のたぐいではない。身体知（天動説）と科学知（地動説）を総合する知、人類史の二一世紀的未来を切り拓く知、監修者なりの表現をとれば、歴史知を探究するためのテキストにしてドキュメントなのである。

〔★J・G・フレイザー著・神成利男訳・石塚正英監修『金枝篇―呪術と宗教の研究―』全一〇巻＋別巻、国書刊行会、第一巻、二〇〇四年。〕

六　読書ノートから論文が生まれた

二〇〇六年にさしかかった頃のわが日記に、農本主義に関する読書記録が記されるようになる。『農本思想の社会史』（岩崎正弥）などなど。その過程で私は、早稲田大学出身の文学者・詩人である相馬御風の思想と行動に鋭く注目することとなった。論文「東アジア協同体論の偏差」を書き上げたのが同年三月下旬であり、それから一ヶ月後の四月末、日記に「相馬御風について少々調べる」と書き込むに至った。以後、五月上旬のゴールデンウィークいっぱい、御風に夢中となるのだった。そして、六日、「相馬御風の農本的自我思想」を脱稿した。なにが私をそこまで突き動かしたか？　それは、「相馬御風とシュティルナー自我論」と改題して雑誌『理想』六七七号（二〇〇六年九月刊）に寄稿した、その最初と最後とを読めばわかる。以下に引こう。

＊

はじめに

童謡『春よ来い』の作詞で知られる相馬御風は、本名を相馬昌治と称し、一八八三（明治一六）年、新潟県糸魚川町（現糸魚川市）で代々宮大工を営む旧家に生まれた。二〇〇六（平成一八）年五月現在の糸魚川市役所ホームページによると、御風の生涯はおおよそ以下のようである。幼少より詩作に親しんだ相馬昌治は、早くも頸城郡高田町（現・上越市）の高田中学（現・高田高等学校）時代から「御風」と号して、短歌を詠んでいた。一九〇六（明治三九）年、早稲田大学を卒業すると早稲田文学社に入って『早稲田文学』を編集し、主に自然主義的文芸評論を担当した。さらには早稲田詩社の結成にも参加して「口語自由詩」を提唱した。その間、一九〇七（明治四〇）年には早稲田大学校歌「都の西北」を作詞した。その後大正時代に入って、トルストイに代表される人道主義的文学作品を数多く翻訳しつつ、かたわら、幸徳秋水ら無政府主義者の運動に共感し、とりわけ大杉栄と交友をもった。だが、一九一六（大正五）年に『還元録』を刊行し、直後、郷里糸魚川に隠退した。以後御風は、一九五〇（昭和二五）年に亡くなるまで、良寛や一茶などの研究と思索、執筆の日々を送った。

本稿では、そのような御風の生涯のうち、三〇代半ばに若くして帰郷した理由や背景について、「相馬御風とシュティルナー自我論」と題し哲学思想的に検討する。主な論点は、一、還元に至る経緯、二、郷土観、三、農民観、四、農本的自我思想、五、時局への対応、である。その中でとくにオリジナルな議論は、次の四点である。一、御風の思想と行動を分析するに際しては、一九世紀ドイツのアナキズム思想家シュティルナーと大杉栄を抜きに論じることは不可能である点。二、御風が芭蕉の俳風を民衆的俳句としては一時代古いもの、ないし先駆的なものとし、良寛や一茶の俳風をシュティルナー自我論の思想圏で括りつつ真に民衆的とした点。三、良寛や一茶の自我思想を御風以後の郷土的現実を生きる人間の未来に托した点。四、第二次大戦中に日本の政界・学界・論壇で議論された「東亜協同体論」について御風は独自の自我論的協同を展望したと思われる点、以上である。

おわりに

いままで、本稿に類する相馬御風論は存在したであろうか。大杉栄との関係での類似をみると、金子善八郎『相馬御風ノート—「還元録」の位相』（一九七七年）、および大沢正道「御風と大杉栄—「近代思想」の誌面より」（一九八二年）だけではなかろうか。マックス・シュティルナーから説き起こしたものは見当たらない。しかも、シュティルナー自我論なくして御風自我論なし、という位相での扱いは皆無であろう。

理論社の創業者で卓越したジャーナリストである小宮山量平は、二〇〇六年五月一三日、卒寿・金剛婚・自著『悠吾よ！—明日のふるさと人へ』出版のトリプル記念パーティ（日本出版クラブ会館）における記念あいさつで、良寛に言及したが、そのエッセンスを前もって『悠吾よ！』でこう記していた。「もともと相馬御風や『赤い鳥』文化によって発掘された良寛と言えば、類まれな童心の人でありましたが、戦後に唐木順三や吉野秀雄たちによって再認識された良寛像は、すでにポスト・モダーンへの陰影を深く帯びておりました」。小宮山の良寛評価に賛意を表する私は、この「相馬御風とシュティルナー自我論」を、今後、二一世紀のすすむ過程でようやく実現されるであろう「近代の超克」に関連させていきたく思う。

〔★本稿はサイトちきゅう座（http://www.chikyuza.net/）に、以下のコードで掲載された。study540:120804〕

七　社会活動から論文が生まれた

二〇〇六年八月二七日に、府中市で「低周波音問題交流会」という催しがあった。未来文化研究室を運営する西兼司が主催したもので、低周波被害に苦しむ人々とともに低周波音について調査・研究していこう、という趣旨の会合だった。これに参加した後、西はさらに一歩すすめて、恒常的な活動の場を得ようと、「低周波音問題研究会」を発足させることにし、私に記念講演を依頼してきた。音に関してなにか話しを、ということだった。それで、一一月二六日の当日、以下の出だしで講演を行なった。

＊

音の身体文化誌　―雑音・楽音から野音へ―

1. あいさつ
2. 自然の音・人工の音、その表現方法
3. 文学に表現された音文化
4. 民俗に語り継がれた音文化
5. 身体に刷り込まれた音文化
6. 健康な音・不健康な音

1. あいさつ

私たちが生活する場はすべて人工物に囲まれています。裸の自然など私たちの身の周りにはまず存在しないでしょう。もし裸の自然、無垢の自然に接したとするならば、それはもはや私たちの感性にマッチしないはずです。私たちは自然をなんらかの方法によって心地よい方向に加工してきたのです。それを通じて私たちの感性も豊かなものに成長してきました。自然感覚から文化感性への移行です。本日のお話では、この「文化感性」という語とその概念がキーとなります。その語を今回のテーマ「音」にひきつけて表現しますと、それは「サウンドスケープ［soundscape］＝音の風景」（カナダ人作曲家で『世界の調律』の著者マリー・シェーファーの造語）という広がりをもちます。

私たちはよく、興味ない音や声、聞きたくない音や声、夢中になっているときの外界の音や声、それらは耳にとどかない、聞こえないことがあります。これはどちらかというと「文化感性」による効果です。しかし、聞きたくなくても無理やり耳に入ってくる音や声もあります。そればかりかかつては、耳を劈《つんざ》く轟音やノイズを強制的に繰返し聞かせるといった、音による拷問までありました。これはどちらかというと自然感覚を攻撃しているのです。

ところで、音は物理的に次の三要素に区別されます。高さ（振動数による、単位：ヘルツ）、強さ（エネルギーによる、単位：デシベル）、音色（音源や楽器によって違う）。そのほか音域（周波数による、単位：ヘルツ）というのもありますが、これは高さに連動するでしょうね。さらには、硬い音、柔らかい音、冷たい音、暖かい音にも区分できますね。例えば三味線のような弦楽器では、振動数（音の高さ）は糸の長さに反比例し、長さを半分にすると振動数は二倍になり、二倍の高さになるわけです。そうしたさまざまな音を、私たちは自然感覚と文化感性との二者を通じて享受しています。その過程で生じるさまざまな意味、価値、そして問題点を以下に整理してみたく存じます。

＊

ところで、この講演準備は、私の研究活動に思わぬ副産物を残すこととなった。それは耳の聴こえない作曲家ベートーヴェンへの接近である。一一月から翌年二月にかけ、私のベートーヴェン凝りは止まることを知らなかった。その結果、二〇〇七年二月にいたって、次の論文を起草した。「はじめに」のみを引用する。

＊

始まりとしての八分休符―ベートーヴェン『運命』交響曲の歴史知的検討

はじめに
1．耳の聴こえない作曲家
2．自由の革命という時代
3．第五交響曲『運命』第一楽章第一小節
4．休止から始まる意味
5．ゼロの歴史知的概念
むすび

はじめに

一八世紀啓蒙時代フランスの思想家ジャン＝ジャック・ルソーは、「自然にかえれ！」と主張した。例えばルソー『新エロイーズ』（一七六一年）第二巻の序文にその言葉を確認できるのだが、彼の追及した理念からすると端的な意味での「自然」ないし「原始」というより、状態としての「自然」、一定の条件を備えた「自然」と見た方正しいと思われる。彼の著作に『学問芸術論』(一七五〇年)がある。学問・芸術は、その起原において悪そのものであり、したがってこれが発展すればその分だけ、人間精神は悪徳に染まることになる、というのが主たる叙述目的である。また同じルソーの作に『人間不平等起原論』(一七五五年)があるが、これも、彼にとっての現代から昔＝自然状態に遡るほどに人類社会は幸福であった、あるいは自然状態の人類だけが真に平等な社会を築いていた、ということを主張するために書かれたものである。ルソーのこのような考えに従えば、人類は自然状態から離反して社会状態に移行するに際して悪の病原を宿し、それが極限にまで堕落したのち、人類は自らその病原を退治して、あたかも最初の自然状態に返ったかのようなパラダイスを未来において獲得できるのである。ただし、彼の「自然にかえれ！」は第三者の解釈を交える過程で、一定の条件を備えた「自然」でなく端的に「粗野な原始にかえれ！」という意味で独り歩きしてしまった。

それはそれとして、以上のようなルソーの着想のうち、循環史観的な側面は、一九世紀の歴史主義の時代に、歴史の一回性を楯に大いに批判されることになったが、しかし、退歩史観というべきか反文明史観とでも称すべき側面の方は生き残ったようにも思われる。

けれども、一九世紀初頭のドイツに一人の芸術家が登場し、自然と文明を芸術＝作曲の分野でみごとに接続させ、人類の未来を原始回帰においてでなく、自然と文明のコラボレーションにおいて展望する契機を後世に伝達した。その芸術家とは楽聖ベートーヴェンであり、その芸術を象徴的に示せば第五シンフォニーである。本稿は、ベートーヴェンの芸術活動に焦点をあわせることで、彼の楽想の中に二一世紀地球市民社会に求められる人類生存のグランドセオリーを探ることを検討課題とする。

〔★本稿はサイトちきゅう座（http://www.chikyuza.net/）に、以下のコードで掲載された。study550:120814　なお、論文「始まりとしての八分休符」全体は以下の拙著に掲載されている。『身体知と感性知―アンサンブル―』社会評論社、二〇一五年。〕

八　〝九・一一〟と学問の岐路

二〇〇六年春爛漫の頃、社会思想史の窓刊行会編集人として「〈近代の超克〉永久革命」企画を立てて、以下の案内文を関係者に送った。

＊

ただいま、ムハンマド風刺画事件が世界各地に波紋を投げかけています。宗教問題、民族問題、政治経済問題など、さまざまな領域でさまざまな議論、対立、争いを引き起こしています。そのいちいちを検討するに際して、私たちはみな大概、二〇〇一・九・一一に立ち返り、九・一一から推論します。二〇世紀は九・一一に収斂し、二一世紀は九・一一から拡散していくように思えます。現代世界史において、九・一一は歴史の転換点として永久に刻印されることでしょう。

ところで、日本史上にもこのような収斂と拡散を象徴する日付が幾つかあります。その筆頭に私は一九四一・一二・八を挙げます。その出来事から約半年後の一九四二年七月一七日、「開戦一年の間の知的戦慄」のうちに〔近代の超克〕という討論会が当代日本の少壮文人知識人たちによって開催されました。そこで論じられた〔退っ引きならない諸問題〕から、幾つかを以下に拾い出します（現代仮名づかいに変更）。

＊

●**中村光夫**　いわば近代とはヨーロッパにおいては少なくとも国産品であったのに対し、我国ではまず何より輸入品であった。そしてこの輸入品としての性格が我国の「近代」のもっとも大きな特色をなして来たのではなかろうか。（中略）こうした我国に独自な「近代」の性格を無視して「近代の超克」を語るのは、少なくとも僕等にとっては無意味な観念的遊戯にすぎまい。（中略）僕等が「西洋」のうちにただ「近代」をしか見なかったということである。

●鈴木成高　そういう近代的なものがヨーロッパ的なものであるという、そのヨーロッパというのはヨーロッパだけではない、もっと世界的なものという意味のヨーロッパなんですが、それでヨーロッパの世界支配と言って居るわけですが、そういうヨーロッパの世界支配というものを超克するために現在大東亜戦争が戦われて居ります。そういうものもやはり一つの近代の超克ということであるといって宜しいと思う。

●亀井勝一郎　現在我々の戦いつつある戦争は、対外的には英米勢力の覆滅であるが、内的にいえば近代文明のもたらしたかかる精神の疾病の根本治療である。これは聖戦であって、いずれに怠慢であっても戦争不具となるであろう。文明の毒素への戦い――これは百年などという短い歳月では不可能なことだ。東亜においては幸いにして我々は武力の勝利者となりつつある。だが、この勝利が、直ちに我らの享有せる文明の毒への勝利と思いこむほど危険なるはあるまい。かような妄想に対して私は自戒したいのである。

●西谷啓治　現在、国家生命が現して来た世界性は、寧ろ従来一般の国家の有り方からいえば、その有り方の否定を意味するものでなければならぬ。国家が単に自国だけを中心とする立場から自他不二の国家間的な共同性の地平へと自覚して来たことである。自らも他も夫々の私を殺し、共同的な全体を生かし、この全体に於いて自らも他も生きる、という如き地平を開いて来たことである。その意味で国家が自らの根底に自己否定性ともいうべき面を現して来たことでなければならぬ。然もまさしくかかる共同性の精神を荷った国家であるが故に反って、現代に於いて指導的な国家としての権威を自らに主張し得るのである。即ち自己否定性の故に反って正しい自己肯定をなし得る。征服による世界帝国とは根本的に違った、各々をしてその所を得しむるという八紘為宇の理念が、現在わが国の理念として新たに自覚されて来たのも、その故であると思う。

●**下村寅太郎**　勿論、近代がヨーロッパ的由来であるにせよ事実上我々自身の近代になったこと、又なり得たことは、それが世界性をもっていることに外ならぬ。その受容の動機や仕方が如何にあったにせよ、それの世界性の故に克く全然歴史的地盤を異にする我々の近代となり得たのであると言わねばならぬ。そうしてその結果が彼地に於けると同様に我々に於いても病的症状を呈して来たとするならば、問題は単に彼の批評に悉し得ず、我々自身にも向けられねばならぬ。近代とは我々自身であり、近代の超克とは我々自身の超克である。何か他者を批評するが如くであるならば安易という外ない。

●**河上徹太郎**　此の会議が成功であったか否か、私にはまだよく分らない。ただ、これが開戦一年の間の知的戦慄のうちに作られたものであることは、覆うべくもない事実である。確かに我々知識人は、従来とても我々の知的活動の真の原動力として働いていた日本人の血と、それを今まで不様に体系づけていた西欧知性の相剋のために、個人的にも割り切れないでいる。会議全体を支配する異様な混沌や決裂はそのためである。そういう血みどろな戦いの忠実な記録であるということも、識者は認めて下さるであろう。しかも戦いはなお継続中である。確かな戦果は、戦塵が全く拭い去られた後でなければ分からぬであろう。

＊

以上の議論を手短にまとめると、以下のようになりましょうか。

●輸入品としての「近代」と我国に独自の「近代」の関係を無視するな（中村）

●ヨーロッパというのはヨーロッパだけではない、もっと世界的なもの、世界支配である（鈴木）

●今次の戦争は、対外的には英米勢力の覆滅であるが、内的にいえば近代文明のもたらした精神

的疾病の根本治療〔亀井〕
●八紘為宇の理念は自他不二の国家間的な共同性〔西谷〕
●近代の超克とは我々自身の超克である〔下村〕
一九四一・一二・八開戦から半年というせっぱ詰まった段階における「知的戦慄」のうちに論じられた日本における〈近代の超克〉は、議論としても現実としても、未完に終わりました。そしてまた、二〇〇一・九・一一という歴史的画期を経験した今、あらためて、〔近代の超克〕の未完・未達成を再認識することになりました。

ところで、この〔近代の超克〕問題は、いまや日本対西洋、日本対アメリカという対抗関係においてのみならず、イスラム対欧米、アジア対欧米、という構図において深刻化の度をましております。その諸関係において、日本〔に住む人々〕は、あるときはアジアに与し、あるときはアメリカに与してこの〔近代の超克〕から逃避し、むしろ近代にドップリつかってきました。

けれども、もうそのような淀みに佇んではいられません。淀み自体が喪失しているのです。憲法九条存廃問題はその一象徴です。たんに理念やスローガンとして〔九条精神〕を守護していても意味はありません。国際社会に展開する現下の状況、地球社会に迫りつつある近未来の転変に応じて、〔九条精神〕の意味内容を国民国家レベルから世界市民・地球市民レベルへと更新・刷新していかねばなりません。その作業の下準備に打ってつけの知的理論的錬磨の素材に一九四二年七月の「座談会〈近代の超克〉」および同年秋の『文学界』九・十号掲載の特集「近代の超克」があります。一二・八と九・一一、個別の比較研究か類似(Remember Pearl Harbor)の因果探求か、観点はほかにもさまざま考えられましょう。

このたび、上記の趣旨をもって読書会・討論会「〔近代の超克〕永久革命」を企画いたしました。主催は社会思想史の窓刊行会です。まず、上記「近代の超克」〔座談会発言集・雑誌掲載論文〕を復刻版で読みます。そして、メールで読後感を回覧します（二〇〇六年中）。それに続いて、二〜三泊程度のメール送信文をたたき台にして、二〜三泊程度の討論合宿（箱根か山中湖、あるいは伊豆高原あたり）をかまえます（二〇〇七年中）。そうして煮詰めた議論を活字化したり論文化したりして、『〔近代の超克〕永久革命』（仮）と題して本郷界隈から出版します（二〇〇八年中）。できれば、その〔永久革命〕を出版後、第二版〜第∞版刊行というかたちで、やる気のある人たちで永続したく思います。大まかな構成は以下のとおりです。

Ⅰ　一九四二・七「座談会〔近代の超克〕」の現場を検討する。

Ⅱ　二〇〇一・九・一一以前における〔「近代の超克」論〕を、世界大の視野で論じる。

Ⅲ　二〇〇一・九・一一以後における〔「近代の超克」論〕を、世界大の視野で、永久革命的に論じる。

以上、読書会・討論会「〔近代の超克〕永久革命」へのお誘いに関心ある方は、以下のアドレスにご返報ください。さらに詳しいことをご説明致します。

kamisabu54@yahoo.co.jp　石塚正英

＊

このように二〇〇七年の春から進めてきた協同研究は、二〇〇九年三月に理想社から『近代の超克―永久革命』と題して刊行された。ここに「あとがき」を引用しておく。

＊

思想家の吉本隆明は、著作『未来の親鸞』（春秋社、一九九〇年）の中で、作家宮沢賢治の宗教観にかんしてこう記述している。「宮沢賢治という人は『あの世』をわりに実体化していましたから、『あの世』にいった妹さんとさかんに交信しようとします。おれの信仰の強さがあるならば交信ができるはずだといって、交信をやろうとおもったりしています。それは宮沢賢治には親鸞とちがって日蓮宗ですから、解体という考え方がなく、構築という考え方だけがあるからです」（同上、二〇三頁）。

　吉本隆明は、宮沢賢治は日蓮宗だからあの世を実体的に捉えたというが、浄土真宗の三木清も、宮沢と似たようなことを考えていた。三木は四〇歳を過ぎた頃、「死について」を書き、その中で死は怖くなくなったと述懐した。なぜなら最愛の人、尊敬する人の多くがすでに亡くなって死後の世界にいってしまったが、自分も死ねばそこで会えるかもしれないと考えたからである（『人生論ノート』新潮文庫、七～一四頁）。

　吉本は、親鸞をさして解体の思想家とみるが、そうであるならば、「悪人」親鸞はむしろマックス・シュティルナーにちかい。シュティルナーは一八四五年刊の主著『唯一者とその所有』（片岡啓治訳、現代思潮社、一九六七年）ほかで次のような思想を披露している。人間は、ときに神という本質を捨てるかと思えば、それにかえて今度は人間なるもの、人間性といった本質を掲げる。それではいつまでたっても宗教の世界から脱出できない。個人であろうが集団であろうが、それが本質とか原理とかに抽象されるや、生身の人間や生きた社会はその抽象物のもとに屈服し、個体の自己性を喪失し自己を忘却する。「私（エゴ）」の上には本質であろうが原理であろうが、何もかぶさらない、何もおかれない。また、「私（エゴ）」は決して分割できない。個人とは、普遍と特殊、抽象と具体に分けたうちの後者などではありえない。まるごとの〈唯一なる者〉である。社会はそうした唯一者が自己規定的・直接的に連合して成立するのであって、社会に代表や最高本質といった昇華は生まれえない。人間とは端的に独立の個人＝自我（Ich）である。現実に飲み食いする、生きた個人＝自我（Ich）である。家族や国家、社会などの諸制度は、自我の観点から見て意味や存在を有しない。

　自分だけは善人であるがゆえに残余の悪人を救済できるという発想は、親鸞の悪人正機ともシュティルナーの自我論とも縁遠い。悪やエゴを身をもって引き受ける、あるがままの実存としての自我、その位相を近代は価値的に否定してきた。近代は、近代＝文明・理性という位相でもって、前近代＝旧弊（歴史環境）や非近代＝未開（空間環境）を善導できると考えてきた。いや、その位相でもって近代そのものをも超克できると自惚れてきた。ところが近代は、その道程の中ほどでファシズムを自ら産み出し、末路で九・一一に出遭ったのである。

二〇世紀は九・一一に収斂し、二一世紀は九・一一から拡散していくように思える。現代世界史において、九・一一は歴史の転換点として永久に刻印されることだろう。その際、本企画「近代の超克―永久革命」は、近代＝理性の善導に依存しない、悪やエゴを身をもって引き受ける、あるがままの実存としての自我のあぶりだしに寄与できればと念じるものである。

なお、本書は、社会思想史の窓刊行会（一九八四年創刊、編集人・石塚正英）が主宰する特別企画の第五である。書名に〈永久革命〉と記した協同研究でもあるので、初版刊行後、できれば第二版〜第∞版刊行というかたちで新メンバーを募って討究を永続したく思う。

二〇〇八年晩夏　執筆者の一人　石塚正英

〔★本稿は幾つかの原稿をまとめており、その意味では未発表。〕

九　戦争を論じる協同研究

いつもの協同研究者諸氏とともに、二〇一〇年四月、ナポレオン二〇〇年を記念する企画を立てた。題して「戦争と近代　―ポスト・ナポレオンの現代世界史」である。以下にその提案書を記す。

＊

今から約二〇〇年まえ、ヨーロッパはナポレオン戦争のただなかでした。ナポレオン軍はフランス革命精神＝「自由と平等」をヨーロッパの内外に武力でもって喧伝していました。ナポレオンに恐れをなしたオランダはフランスに屈し、とくに世界貿易面でイギリスと対立しました。――一八〇八年一〇月、イギリスのフリゲート艦フェートン号が長崎へ侵入してオランダ商館と対立するフェートン号事件が起こった。佐賀藩は無断で警備人員を減らしていたため必要な対策がとれず、その不手際を幕府から叱責される。また一八二八年のシーボルト台風で死者一万人弱の被害を出し財政が破綻寸前に陥るなど、藩をとりまく状況は悪化した。一〇代藩主鍋島直正以降、藩政改革や西洋技術の摂取につとめた。特に大がかりなリストラを行い、役人を五分の一に削減、農民の保護育成、陶器・茶・石炭などの産業育成・交易に力を注ぎ藩財政は潤った（ウィキペディア参照）。

ナポレオン戦争、それは極東の佐賀藩を揺るがします。同時に、一八一二年に始まる米英戦争を弄びます。佐賀藩の近代化とアメリカ合衆国の第二次独立戦争とはナポレオン戦争を介してリンクしているのです。いいえ、モスクワ炎上の少し前、ロシアとの対峙が深刻化する中、間宮林蔵が行った樺太から大陸への進攻ともリンクしています。

フランス革命当時、イギリスを軸に第一回対仏大同盟が組まれると、一七九三年二月、革命政府は強制徴兵令を発します。そうすると、これを契機にヴァンデ県を中心に、徴兵に反対する農民反乱が勃発し、急速に拡大していくのでした。とくに王党派というかカトリック派というか、ようするにもともと革命に敵意を抱いていた下層大衆が内乱を拡大していくのです。むろん、彼らの多くは国民という概念には無縁でした。フランス革命後、国民国家としてのフランス政府は、フランス語がまったく理解できない人たちが四分の一もいたにもかかわらず、フランス語を「国民」に強制したのです。わけもわからない国や言葉のために武器をとるなどというのは、各地の地元民たちには考えも及ばないことだったでしょう。しかしジャコバン派は、「国民の自由」にかかわる国家を防衛しなければならない。とくにヴァンデの反乱はなんとしてでも鎮圧すべし、ということであの恐怖政治（ジャコバン独裁）が開始するのです。そして、議会内のジャコバン派つまり山岳派は、翌々八月、総徴兵法を決定することになるのです。

どうですか、みなさん。ナポレオン戦争当時のフランス内外情勢、これは九・一一以後の日本内外情勢（沖縄・米軍基地・海外進出企業・外国人労働者など）を判断するうえで参考になることではありませんか。私はこんど、協同研究「戦争と近代 ―ポスト・ナポレオンの現代世界史」（仮）をみなさんに提起します。戦争を近代とか自由、人権といったポジティヴな概念に内在させてふかく結びつけつつ、再考したいのです。

ナポレオン戦争がセントヘレナ流刑まで続くとすれば二〇一五年までの二〇〇年記念企画として一緒にやりませんか？　その過程で〔近代の超克〕をつきつめていく、超克概念を超克していく、という野望をみなさんと共有したい！

私はこのところ、「裏日本」といった価値的に変化する地域に特化した研究課題（「裏日本」文化ルネッサンス）を数名で意識的に進めています。幕末の佐賀とか北海道は「戦争と近代」という位置づけで世界史的に再研究されるべきです。佐賀という〔一地域〕から全世界を見通す、これです。

参加を希望される方は以下のアドレスにご一報ください。協同研究のメンバーや報告会スケジュール、著作編集刊行時期など、いっそう詳しい事柄をお知らせします。

kamisabu54@yahoo.co.jp　石塚正英

＊

この協同企画は二〇一一年九月に『戦争と近代―ポスト・ナポレオン二〇〇年の世界』と題して社会評論社から刊行された。十数名の論文を編集したもので、その中には私の学位論文審査委員だった清水多吉立正大学名誉教授もいる。以下に目次を転載する。

●第一部　ナポレオンとその影響

第一章　「フランス革命」の負の遺産（清水多吉）
第二章　クラウゼヴィッツと「戦争」―近代的国民戦争の連続性と転換（中島浩貴）
第三章　サン＝シモンからみたナポレオン―ナポレオン論の変容（松田　昇）
第四章　ナポレオン戦争と佐賀藩（篠原敏昭）
●第二部　ポスト・ナポレオンの動向
第五章　マキアヴェッリとポスト・ナポレオン期イタリアの政治的ロマン主義（石黒盛久）
第六章　フランス革命期におけるパトリ（祖国）のアレゴリー（黒木朋興）
第七章　「対内戦争」の勃発と刑罰制度の変化―十九世紀フランスにおける犯罪者の概念の変化（梅澤礼）
第八章　言語の不完全さに抗して―辞書学とマラルメ（立花　史）
●第三部　日本における〈戦争と近代〉
第九章　食文化からみる近代日本の西洋化―福沢諭吉と森鴎外の肉食論（河上睦子）
第十章　追放と栄光―保田與重郎のナポレオン論について（山家　歩）
第十一章　国家の枠を超えて―トランスナショナリストとしての南方熊楠の思想と行動（唐澤太輔）
第十二章　対外戦争と国民意識―革命期のフランスと日清戦争前後の日本（工藤　豊）
第十三章　日韓合邦と日韓併合の峻別―川上善兵衛の思想と行動を事例に（石塚正英）

〔★未発表〕

一〇　〝三・一一〟以降の時局と学問

二〇一一年三月一一日の東日本大震災を契機に、二〇一二年一月、近代を象徴する科学技術の功罪を論じるべく、「近代の超克Ⅱ―フクシマ以後」企画を立てた。その呼びかけ文を以下に記す。

＊

ここでテーマとする〔近代の超克〕は一九四二年七月の「座談会〈近代の超克〉」および同年秋

の『文学界』九・十月号掲載の特集「近代の超克」をベースにしていますが、それに特化するわけではありません。特化した共同研究はすでに石塚・工藤編『近代の超克―永久革命』（理想社、二〇〇九年）で果たしております。

それにしても、この〈近代の超克〉問題は、二〇〇一・九・一一ニューヨーク・ワシントンを経て、いまや日本対西洋、日本対アメリカという対抗関係においてのみならず、イスラム対欧米、アジア対欧米、世界株価同時暴落etcという構図において深刻化の度をましております。また、この〈近代の超克〉問題は、二〇一一・三・一一の東日本大震災および福島第一原発爆発をへて、明確に〔科学技術と近代〕を〔超克〕の射程にとらえることとなりました。半年以上にわたって放射線被曝データ隠しに汲々とする政府・東電を見ると、これは大本営のようです。三・一一を経験した今日、〔近代の超克〕問題は論点を一二・八→九・一一→三・一一と重層化、ハイブリッド化していく必要があります。

政治と科学技術、政治の継続としての戦争と科学技術、経済と科学技術、そのように人類近代史の推進原動力だった科学技術は、三・一一以降、従来の盟主諸国欧米日本のいずれにも制御不能のデッドロックに乗り上げました。旧ソ連製空母ワリヤーグの改造を軸に空母（軍事＋政治パワーアップ）計画を着々とすすめる振興の盟主中国についても、二〇一一年七月二三日の高速鉄道事故とその始末＝デッドロックからみて、制御はとうてい不可能です。科学技術（の先端）が制御不能となれば、これと抱き合わせで歩んできた近代（政治・軍事・経済）は到底そのままでは済みません。

企画のアウトラインは以下のようになります。

① 一二・八→九・一一→三・一一と重層化した上での〈近代の超克〉問題にからんで重要な思想家・運動家・革命家であると思われる人物を、その根拠を示してピックアップします。最近では高木仁三郎などもっとも注目されましょう。再審の意

味では北一輝も権藤成卿も古くはありません。

② その人物の著述、およびその人物について記された主要文献（和洋問いません）を、時系列に即して克明に調査し相互に比較研究します。主要文献の中にあなた自身のものが含まれていてもよろしいです。

③ その人物（思想家・運動家・革命家）との関連を軸に、その思想と行動のアクチュアリティや再評価を踏まえ、あなた自身の問題―なぜ今〈近代の超克〉か、なぜその人物か―を論じてください。

興味をお持ちの方は私にメールで今月中にご回答ください。その際、①を記入して送ってください。それを拝読してから種々の調整をし構成を決定し、並行して編集委員会を整え、あらためて正式な依頼を差し上げます。

各自が書いた①〜③を相互に読みあい意見交換をおこないながら二〇一三年九月までにはこのテーマにふさわしい出版社から刊行してみたいと思います。

＊

このように二〇一二年の春から進めてきた共同研究「近代の超克Ⅱ―フクシマ以後」は、二〇一三年一一月に理想社から刊行された。ここに目次を転載する。

一一　科学研究と学問論　―講義シラバス

人はなぜ学問するか。自然や社会について知りたいからか。つまり、人間はホモ・サピエンスだからか。では、人間は動物と違って、なぜホモ・サピエンスなのか。福沢諭吉は『学問ノスヽメ』を書いたとき、天は人の上に人をつくらず、人の下に人をつくらず、とした。人間は、動物と違って自由や平等を求めたがるが、それは学問によって得られるのか。では、人間はなぜいつまでたっても戦争をやめないのか。学問＝科学して原爆つくる愚考を犯しているのは人間である。動物ではない。倫理観と責任感のない学者＝科学者は社会の害悪である。動物以下である。本講義では、そのような諸問題「科学研究と学問論」を解説する。

その際、経験知や感性知の立場を前近代的と見なして拒否するのでなく、これを知の体系の一方の極に据えて、また他方の極に科学知や理性知をおき、双方を交互的な運動や相互的な往還といった動的なサイクルに位置付けしなおし、連合させていくことが意味をもつであろう。その先に見えてくる新しい知をここでは「歴史知」と呼ぶことにする。本講義では、こうした歴史知的な世界観を、日常生活をしたたかに創造する積極的な要因とみて、解説講義の主題とする。

序論
1 社会思想とは何か
2 社会思想の根本性格（知ることと為すこととの不可分性）と今日の課題
3 認識・実践主体の形成の根底にあるもの
本論
1 人はなぜ学問するか
2 インターディシプリナリーな科学理論
3 多様化史観
4 文化財と科学者の任務
5 中央集権的学問研究の限界
6 戦争と学問
7 学問論の構築へ向けて
教科書／石塚正英著『歴史知と学問論』
参考書／必要に応じて提示する。
履修条件／試験（2回）とレポート（1回）
〔★明治大学・専修大学・中央大学等におけるシラバスであり、未発表。〕

二 歴史知と学問論 ―はしがき

光と闇、愛と憎、完全と不完全、あるいは絶対と相対。これらの組み合わせはいずれも相補的である。双方がそろってはじめて双方が存在できる。片方だけではどちらでもないか、あるいはどちらも存在しないかである。例えば、神と人間の関係でみると、人間は神なくして存在し得ず、神は人間なくして存在し得ない。この世に神など存在しない、と言う人がいたとする。その人は自らの体内か心中に神を抱え込み、神人合一の存在となるだけである。ある神を信仰する人間にとってその神は自身が造ったものである。その人物は自身に合わせてせっせと神を創りだすのである。こうした神観念をフェティシズムといい、こうした神的存在をフェティシュという。その際、フェティシュは、宗教の領域のみならず、政治や経済など文化の総体において存在する。政治においては民主主義や人権が、また経済においては貨幣や資本がフェティシュである。いずれも反対概念ないし対概念によって支えられ、相補的な互換性をもっている。

さて、こうしたフェティシズムは知の領域においても成立する。経験知・生活知、総じて感性知と、科学知・理論知、総じて理性知との関係がそれにあたる。感性知と理性知、あるいは非合理的知と合理的知とは、相補的になってはじめて存在できる。その枠構造を認め、双方を軸とする交互的運動の中において双方を動的に観察する。あるいは、その二種の知を時間軸上において連合させる二一世紀的新知平、そこに立つ。こうしたパラダイムにおいて歴史知は成立し、歴史知学は体系として確立する。

ところで、話題を知から歴史に移すとして、歴史は発展するか？　歴史は進歩するか？　歴史は循環するか？　古くからのこうした疑問に対して、現在のところ私は次の仮説を立てている。例えば自然界において循環（自然は四季や捕食被食を通じて循環する）と進化（自然は多様に変化する）とが連動しているのと同様、人類史にあっても循環と進化（進歩）は連動していて相補的であることが容易に認識できる。その先に私たちは、これまでに有力であった歴史観―循環史観と進歩史観―を連合させることができるであろう。それを私は「多様化史観（a diversification historical view）」と命名している。この「多様化史観」は、歴史知的立場から新たな世界観・社会観を構想している私独自の概念であり造語である。

本書は、このように、三つのキーワード〈フェティシズム・歴史知・多様化史観〉で構成される新機軸の提起を叙述目的としている。そのような枠組みを設定した上で、本論を次のように構成することとした。本書の主軸である第一部「歴史理論と歴史観」では、術語「歴史知（Historiosophy）」の説明と新たな歴史観の着想と創成にむかう議論を提示している。唯物史観（理性知）も例外ではない。第二部「歴史研究の現場」では、考古学、郷土史、現代史を事例（現場）にして歴史知に即した叙述を試みている。そして第三部「学問研究の態度」では、生涯を学問研究にささげる歴史学者、哲学者、民族学者を具体例にしつつ、学問論および学問する行為の今日的意味について議論している。

以上の書き出しでもって本論へのいざないとする。

［★石塚正英『歴史知と学問論』社会評論社、二〇〇七年、はしがき。］

一三　日本内外の平和を維持する力について

●戦争と技術（開発・研究）とは歴史の発端からクルマの両輪のごとく相互的に存在してきました。技術開発は、直接・間接に、軍備拡張・増強を推進してきたのです。

●平和（状態）は絶対的・無条件的に存在するものでなく、力と力のせめぎあいの接点・交点に共時的および通時的に存立しています。平和も力を前提にしているということです。物理学では、このせめぎあい状態を動的平衡と称します。

●力と力のせめぎあいによって維持される平和状態について私たちは、むろん戦争をさせない社会的な力の優位を通してこれを実現するべきなのです。

●物理的な力（軍事）のほか、社会的な力（政治・法・文化 etc.）も、精神的な力（独立心・倫理観）も力の代表です。ガンジーの非暴力も日本国憲法第九条も、力の一種であります。

●一九世紀後半、ドイツのビスマルクが得意としたバランス・オブ・パワーは主に公然非公然の軍備拡張（物理的な力）によって平和を維持しました。ある人が他の人の生存権を武力で侵害したとして、後者が同じように武力で反撃したなら、戦争は永久に消滅しません。二〇世紀後半の国際社会は、国際法（社会的な力）に依拠した国連中心の集団安全保障によって平和を維持してきたのです。

●個人に基づく力を国家が管理することに問題の生ずる余地があります。個人単位の正当防衛としての力（社会的な力）の行使と、国家単位の自衛（専守防衛）としての力（国家的な力）の行使は、個人と国家が乖離している場合、歴然と違うのです。いわんや、個人と国家が乖離している場合における集団的自衛権としての力の行使は、言うを俟たないでしょう。社会的な力は抵抗権（基本的人権）として国家的な力に優先しています。

●私たちにとって基盤となるのは、国家であるよりもまず社会です。私たちはまずもって社会の一員なのです。学校を終えれば社会に出るのであって、国家にでるのではない。参政権がない未成年や在日外国人だって、れっきとした社会人です。個は社会の一員なのであって、国家の一員というのは論理的には副次的なことです。国家は、私たちが社会で自由を実現できるよう、保護する役目を持っているのですが、社会そのものではない。

●人の自由（戦争をしないという自由も含まれる）は国家が保障しているのだから、その国家を護るために自由を放棄する（戦争をする）というのでは、本末転倒、自己矛盾もはなはだしいです。

●ところで、日本は二〇世紀後半からこれまでは、国連というよりもアメリカの軍事力のもとで平和を維持してきました。アメリカが強ければ強いほど安心してきたのです。しかし、アメリカの経済力、軍事力は二〇世紀末までに弱まりました。ブッシュ（ジュニア）が露骨に言い放った「悪の枢軸」は斜陽国家が外に向けて演じたあがきのパフォーマンスでした。ドナルド・トランプの放言「アメリカ・ファースト」はうちに向けて吹いたあがきのファンファーレともいえるでしょう。日本は、軍事力でなく政治外交や経済交流、文化交流という非軍事的手段によって国際協調を実現するべき時代を目指すべきです。

●国民に自由を棄てよと迫る国家は護るに値しません。国家の命令で人が自己の自由を棄てざるを得ないということは、その人はもはや国家に護ってもらえてないということなのです。国家の前に、まずは社会です。

〔★東京電機大学石塚正英（感性文化学）研究室ドアにプリント版を掲示、二〇一八年一二月二二日。〕

あとがき

一九六〇年代から九〇年代にかけて日本の思想界で一世を風靡した哲学者の廣松渉（一九三三〜九四年）は、四歳の頃から文字を読み始めたという。小学五年の頃にはアインシュタインの時空間像や宇宙像に興味をもち、小学六年の時、一九四五年敗戦とともに、改造社版『マルクス・エンゲルス全集』を母と先を競うようにして読破したという。（情況出版社『廣松渉を読む』年譜による）

廣松より一六年後に生まれた私にも、三〜四歳の頃の記憶はある。自宅の一室で母が弟を出産する風景だ。布団に横たわる母、白い割烹着姿の産婆、そばに置かれた黄色いアルマイトの洗面器……。しかし、幼少時代の私の記憶の中軸は、守護神との交信だ。幼少年期、私のかたわらには守護神がいて、とくにビー玉やエシタ（メンコのこと）、コマ回しなどの勝負事では、がぜん、私に加勢してくれた。あそびの神だった。その姿は茫洋としつつも、どこか古風で、束帯姿だったように思う。遊びほうける私を日の暮れるまで面倒みてくれた束帯守護神は、小学六年の頃、私の心中からしらぬまに姿を消していった。私に勉強心が芽生えたのが原因らしい。守護神との別れは、私の少年時代の終焉を意味していた。四歳の頃から文字を好んだ廣松はホモ・サピエンスだが、幼少期にあそびの神と仲よくした私は、ホモ・ルーデンスだ。

それから数年して、一九歳になった頃、かつての守護神に代わるかのように私を揺すぶるカリスマ的人物を知った。廣松渉である。私の場合、マルクスを本格的に読むのと廣松論文を読むのとが、同時並行的だった。梅本克己、ルカーチ、そして廣松渉と読み継いで二〇歳になっていくのだ。

しかし、かつての守護神についての余韻は、私の心中でその頃もまだかすかに響いていた。今にして思えば、ヘルマン・ヘッセの『デミアン』に登場する主人公シンクレールの言葉が、その余韻をしずめたのだ。一九歳の時に読んだ『デミアン』は不思議と、当時の私を魅了した。どんな文章にひきつけられたのだろうか。第一のものはたぶんこれだ。「それは私の夢像だった。夢像は彼女だった。……美しく誘惑的で、美しく近づきがたく、魔性《デーモン》と同時に母、運命と同時に愛人だった。それが彼女だった」（高橋健二訳・新潮文庫）。けれども、今読みかえしてみるに、次の一文にも惹きつけられたはずだ。「新しい神々を欲するのは誤まりだった。……目ざめた人間にとっては、自分自身をさがし、自己の腹を固め、どこに達しようと意に介さず、自己の道をさぐって進む、という一事以外にぜんぜんなんらの義務も存しなかった」。

こうして私は、幼き時代の守護神すなわち自らの少年時代を懐かしみつつ、これとの訣別を覚悟した。青年へ向かう自己革命が始まったのである。熟慮断行！　断じて行なえば鬼神もこれを避く！　その時私の流れ込んだ海が、ド・ゴール政権を倒したあの五月革命を筆頭に世界的規模で拡大していた学生総叛乱の大海だったのだ。これは運命的だ。シュプレヒコールのあと、「立て飢えたる者よ、今ぞ日は近し」を熱唱する、まるでデミアンのごとき仲間たちが、シンクレールのごとき私をむかえてくれたのだった。そして今や、廣松渉こそ、青年となった私の導き役となったのである。

大学闘争を組織し街頭デモに出撃する日々、それでも私は、夜にアパートへ戻れば、白帯を中心とする岩波文庫や国民文庫をむさぼり読み、神田神保町の洋書センターで購入したドイツ労働運動史関係の洋書を独学の語学力でもって解読していった。学問がしたい！　それが生きることだ！　その一心で大学へ進みサークルを結成したのだ。大学闘争は、自由に学問するための自立空間を実現する手段なのだ。けれども、現実には、闘争それ自体が学問する行為だったとも言える。平和のために平和を乱す、そんな矛盾をおかす私は、「自分の額にカインのしるしを感じた」シンクレールと同様の心境にあった。一九六〇年代末～七〇年代初には、あちこちの大学キャンパスに、そのような若者がたくさんいたのだった。

　あれからずいぶん歳月がたった。廣松哲学とは、たしか一九八〇年代中頃、物象化をめぐる違和感から批判的となり、一九九三年一一月、本人との約四時間にわたる激論の末、訣別した。わが〔価値転倒のフェティシズム〕理論へのずっしり重い影響を今に残しながらの〝さよなら〟だった。私の青年時代との別れとしてもよい。その後私は、例えばマルキ・ド・サドを読んで、その世界に深い意味を感じるようになった。一八～一九歳の頃に戻っていたのだ。これはとても心地よかった。ハイティンの私はデミアンの次の言葉に新鮮味を感じた。「神の礼拝とならんで悪魔の礼拝を行なわねばならない。それが正しいだろうと思うんだ。あるいはまた、悪魔をも包含している神を創造しなければならないだろう」。その後サドの『美徳の不幸』を読む私は、デュボワのこんなセリフの前にしばし佇むこととなる。「神にとっては、悪徳も美徳も同等の量だけ必要なの。……だから問題は一方を捨てて他方につくということではなくて、普遍的な道を切り開くことでしかないのよ」（渋澤龍彦訳、桃源社）。デミアンの言葉もデュボワのセリフも、どちらも若々しさに満ちあふれている。守護神に別れをつげてから六〇年近くになる。これには絶対に再会できない。私の少年時代は永久に戻らない。けれども、青年になろうとする自己革命の精神は未だに衰えていない気がする。身は老境に至りつつも、デミアンやデュボワの精神に触れて今なお共鳴できるのだから。その精神こそまさに、ノンセクト・ラディカルズの時代の私の精神でもあるのだ。二〇歳《はたち》の自己革命の火種は、私の心中で、依然、ともされたままなのだ。

　ところで、還暦を過ぎてから、私はときおり恩師大井正晩年の文章を読み返している。「罪について

―ときには思想史的に―」〔明治大学『政経論叢』五九‐一・二、一九九〇年〕である。大井は同論文の最後のところでこう記している。「わたし自身のテーマ概念は、悪ではなく罪である。悪と罪とは厳しく区別される必要があるのかどうか。実は、わたしはこの研究を志して以来つねにこの厳しい区別を意識しているのである。わたしはまず、神と対決することを必要とするのである。神が観念にすぎないとしても、その観念を戦いの相手に、わたしは選んでいる。このさい自分も傷つく可能性があることを覚悟している。観念を相手にして。このテーマ概念がどれだけ現実的であるかは、自分の判断ではなくなっており、ネクラの戦いかもしれない。しかし、死の直前、老化のはてにやっとこの仕事にはいった。多忙だった。健康上の不意な事故にもあった。いや、相手を軽視した」〔一八二頁〕。

大井は幼少のころキリスト教の書物を多読した。それで観念的＝静的にはキリスト教に深く入って理解した。けれども、身体的＝動的には唯物論を受け入れた。そして、最晩年、神と戦うことを決意する人間となった。そのような思想家に教えを受けることのできた私は、学問の実践者として、もはや何も惜しむことはない。

古稀を迎えて、私もまたとんでもない観念を闘いの相手に選んでいる。人間の内部に存在するとして誰もが疑わない〔人間の本質〕を相手にしているのだ。内部にコア〔人間なるもの〕〔人格〕があると考えるから人間身体から環境的自然へという〔内発的〕な人間形成概念が成立してきた。けれども、そのように想定されてきたコアは、見方によれば外部からもたらされたものによって凝固結晶しているのだ。人間から人間の変容を説明するのでなく、環境的自然から人間の変容を説明することが理に適っているのである。〔外発的人間身体〕である。そうであるから、ようするに、実在としての自我の否定である。自我は、身体を介して環境から取り込まれる様々なモノとコトの結節点として関係的に生成するだけなのだ（石塚『身体知と感性知』社会評論社、二〇一四年、二一一頁以降参照）。個人（individual）概念を考えると、人は単独で単位になるのでなく、関係する相手〔もう一人の私〕とアンサンブルで単位となる。その概念を私は【単人（individual）】と表現している（石塚『革命職人ヴァイトリング』社会評論社、二〇一六年、四一二～四一三頁参照）。その概念構築もまた、学問の実践者である私自身の〔自我〕〔本質〕を更新している。

恩師大井は神と闘ったが、弟子の私は人間本質と闘っている。私において、【学問の使命】は、一つにはその闘いの継続であり、【知の行動圏域】は私の本質を形成し変容させる環境的自然でもあり、さながら自我の胎盤でもある。古稀に至ってふたたび思う。二〇歳《はたち》の自己革命の火種は、私の心中で、依然、ともされたままなのだ、と。

汲めど尽きせぬ私の探究精神を、出版という行為で長年にわたって奮い立たせてくれた社会評論社に、あらためて深く感謝する。

二〇一九年秋　頸城野の研究室アトリウム御殿山にて

石塚　正英

著者紹介

石塚正英（いしづか まさひで）

1949年、新潟県上越市（旧高田市）に生まれる。当年とって古稀となる。

立正大学大学院文学研究科史学専攻博士後期課程満期退学、同研究科哲学専攻論文博士（文学）　1982年～、立正大学、専修大学、明治大学、中央大学、東京電機大学（専任）歴任／担当講座（内容）：歴史理論、比較民俗学、史的情報社会論、複合科学的身体論、技術者倫理。2008年～、NPO法人頸城野郷土資料室（新潟県知事認証）理事長／事務所：上越市仲町6丁目大鋸町《おがまち》ますや／資料室：上越市御殿山町 アトリウム御殿山

主要著作（研究テーマ）

〔著作〕叛徒と革命―ブランキ・ヴァイトリンク・ノート、長崎出版、1975年
〔著作・学位論文〕フェティシズムの思想圏―ド＝ブロス・フォイエルバッハ・マルクス、世界書院、1991年
〔著作集〕石塚正英著作選【社会思想史の窓】全6巻、社会評論社、2014-15年。
〔著作〕革命職人ヴァイトリング―コミューンからアソシエーションへ、社会評論社、2016年
〔著作〕地域文化の沃土 頸城野往還、社会評論社、2018年
〔著作〕マルクスの「フェティシズム・ノート」を読む―偉大なる、聖なる人間の発見、社会評論社、2018年
〔著作〕ヘーゲル左派という時代思潮、社会評論社、2019年
〔編著作〕アミルカル・カブラル―アフリカ革命のアウラ、柘植書房新社、2019年

学問の使命と知の行動圏域

2019年11月10日初版第1刷発行

著　者／石塚正英

発行者／松田健二

発行所／株式会社　社会評論社

〒113-0033　東京都文京区本郷2-3-10　お茶の水ビル
電話　03（3814）3861　FAX　03（3818）2808

印刷製本／倉敷印刷株式会社